INGRID DE VOS

De mystieke kracht
als reisgezel

INGRID DE VOS

De mystieke kracht als reisgezel

Reisverhalen
Argentinië, Zuid-India,
Nieuw-Zeeland

lannoo

INHOUD

ARGENTINIË

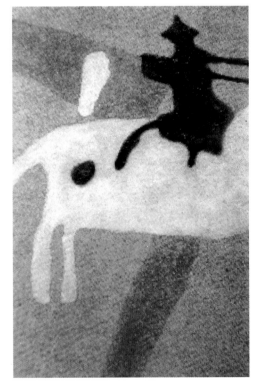

Reconstructie van rotstekening in Cerro Colorado

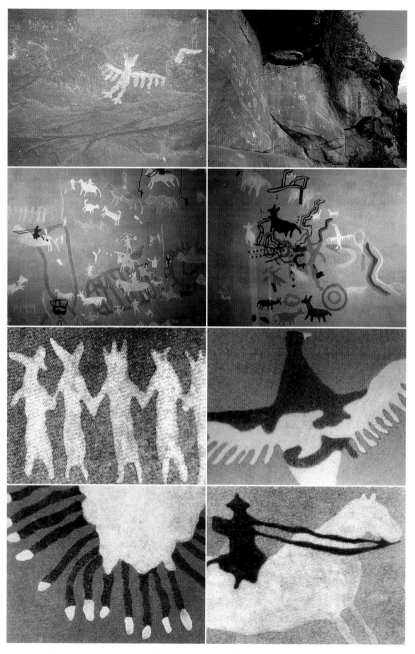

2	3
4	5
6	7
8	9

2. Rotstekening van gevleugeld wezen
3. Rotswand met tekeningen
4+5. Reconstructie rotstekeningen
6+7+8+9. Details uit reconstructie van rotstekeningen in Cerro Colorado

7

20. Aankomst van de trein in Norbierto de la Riestra
21+24. De chacarera, paringsdans in het paradijs
22. De weg naar Ongamira
23. Een roze haciënda in de provincie Cordoba
25. Paarden in de pampa
26. Het labyrint van Los Cocos

ZUID-INDIA

Reflectie van Jetty in een lotusvijver

2. Gekleurde katoenstrengen hangen te drogen
3. Mevrouw Rajendran, dochter van de devadasi te Thanjavur
4. Drie generaties: devadasi met dochter en kleindochter
5. Jetty danst de laatste dans
6. De oude devadasi van Thanjavur

7	8
9	10
11	

7. Boeddha als Mercurius in Suryanarkoil
8. Detail uit de Kapalisiwarartempel in Madras
9. De vier vedische priesters van Chidambaram
10. Kinderen voor één of andere tempel
11. Jetty in een muurtempeltje

12	13
14	15
16	18
17	

12. De buitenmuur en de ingepakte toren van Kumbakonam
13. Een zonnewagentempel
14. Shiva vertrapt de dwerg der onwetendheid
15. De slangenboom
16. De eerste tempelgalerij te Kumbakonam
17. De zeven zusters
18. Koperen hoofdje als altaardetail

19	20
21	22
23	24
	25

19+25. Tempelcomplex van Gangaïkondacholapuram
20. Portret van de overledene voor wie gedanst wordt
21+22. De dansposes in het tempelportaal van Chidambaram
23. Ingepakte toegangstoren van Kumbakonam
24. De houten voetjes van de goeroe

31	32
33	34
35	

31. Oude Sanskriet-manuscripten uit Thanjavur
32. De dobbelsteen van de goden in Mahaballipuram
33. De rotstempels van Mahaballipuram
34. Jong danseresje in Madras
35. Shiva's bloem

36	37
38	39
40	

36+37+38+39+40. Portretten van mensen tijdens het Pongal-feest

NIEUW-ZEELAND

Het Wakatipu-meer

2	3
4	5
6	7

2. Het kratermeer van White Island
3. Restant van de zwavelfabriek op White Island
4. Detail van het vulkanisch park Wai-o-Tapu
5. Stekelige struik in zwaveldampen
6. Zwavelstroom op White Island
7. Boomstronk op White Island

14	15
16	17
18	19

14. Mijn 'cabin' in Westport
15. Interieur van Hundertwasser's toilet in Kawakawa
16+17. Behaverzameling te Cardrona
18. Hundertwasser's publieke toiletten in Kawakawa
19. 'Cabin' met hoog peperkoekenhuisjesgehalte

20	21
22	23
24	25

20. Mijnwerkershuisje in Arrowtown
21. Bathhouse in Queenstown
22+23. Artistieke brievenbussen
24. Art-decogebouw in Napier
25. Het Wakatipu-meer met een stoomboot uit 1912

26. Schistformaties op Dansey's Pass
27. Lente op Lindis' Pass
28. De Zuidelijke Alpen, vlak voor Fox Glacier

29. Mijn verborgen vallei
30. Lady Knox-geiser na manipulatie
31. Pahautea-boom in het laaglandregenwoud

32. De drie magiërs
33. Scott's Beach
34. De 'landings'baan naar Karamea

35. Watergeulen als nagerechten in Karamea
36. Tors van rode beuk
37. De beschermengel van Karamea (en het half natgezogen rietsuikerklontje)

38. Nikau-palmen
39. Waterval in Mt. Aspiring National Park
40. Vindplaats voor jade

41. Veld van Engels gras in Porangahau
42. Opgerold blad van de varenboom (Cyathea Medullaris)
43. De koolpalm (Cordyline Australis)

44 | 45
46 | 47
48 | 49

44. Detail van de oorlogskano in Porangahau
45. Peter met één van mijn kompanen
46. Ta Moko, de tatoeagekunst
47. Omheining met Maori-symbolen
48. Modern Maori-houtsnijwerk
49. De sierlijke plecht van de oorlogskano in Porangahau

50	51
52	53
54	

50. Andy en zijn vrouw Jenny
51.+53. Details van het voorouderhuis in Porangahau
52. De ingang van het voorouderhuis in Porangahau
54. Maori-jongens tijdens het Urewera-festival

55	56
57	58
59	60

55. Zeeslakje volgens de Gulden Snede in Karekare
56. Oranje rots met korstmos in St.Bathans
57. Een Moeraki Boulder
58. Inwendig detail van een uiteengevallen Boulder
59. Witte rots met rood mos in Erewhon
60. 'Bloedend hert' in Golden Bay

Dit is mijn eerste boek.
Ik draag het op aan Joannes en Suzanne, mijn ouders,
omdat ze me altijd vrij lieten te zijn wie ik was.

INHOUD

VOORAF

Mystici zien de wereld zoals inheemse volkeren dat doen, als een immer veranderend, dynamisch geheel waarvan alle onderdelen met elkaar verbonden zijn. De kracht die alles samenhoudt, kan het best omschreven worden als liefde.

Vanaf 1991, begon ik te reizen in opdracht van een televisiestation. Vijf jaar en vijfentwintig documentaires later, was ik met mijn cameraploeg (de kompanen), de wereld verscheidene keren rond geweest en ik had me als een spin gevoeld, die concentrische draden rond de Aarde weefde. En waar ik gestopt was, uitgestapt was, had ik deeltjes van mijn kracht, mijn liefde achtergelaten.

Mijn foto's en mijn verhalen zijn stukjes uit het web en ze getuigen van mijn liefde voor alles wat met deze planeet te maken heeft.

Alle inheemse volkeren hadden een mondelinge overlevering waarin hun oudste geschiedenis en die van de planeet, doorgegeven werd, generatie na generatie. Elke genocide of liquidatie, van welke aard dan ook, had verlies aan informatie als gevolg. Stukjes van het web verdwenen.

Mythologie is altijd de materie geweest waarvoor mijn hart klopte, ondanks tegenkantingen van de 'buitenwereld', die de oude verhalen liefst doorverwees naar de wereld van folklore. De echte betekenis van dit in oorsprong Engelse woord, kent blijkbaar niemand meer. Folk-lore, de 'Lore of Folk', de 'Traditionele Kennis van de Mensen'. Klinkt opeens anders, niet?

In mijn gewone doen zie ik mezelf als een nuchter mens, hoewel ik ook een dagdromer ben. Vooraleer ik iets neerschrijf of zeg, zal ik het minstens tweemaal checken om toch maar zeker te zijn dat ik geen beestigheden uitkraam. Verdraaiingen, fouten, vervalsingen, persoonlijke interpretaties en manipulaties vormen een vast onderdeel van onze realiteit, dus ben ik altijd op mijn hoede. Maar hoe moet ik dan een 'visioen' verkopen?

Om te beginnen: het is iets dat ik niet kan oproepen, noch sturen. Het overvalt me. Informatie en beelden sijpelen rechtstreeks in mijn hoofd. Ik ervaar een cilindervormig kanaal, een soort geestestunnel waardoor het visioen naar binnen stroomt. Typisch voor deze ervaring is de zekerheid die je voelt. Er hoeft je niets ingefluisterd te worden, je hoeft er niets over gelezen te hebben, je weet het gewoon. Elk gevoel van onzekerheid of twijfel valt weg. Ik weet. Punt.

De mysticus wordt als deel van het geheel, uiteindelijk het geheel.

Het is een unieke belevenis die ik meermaals mocht ervaren en waarvoor ik mijn 'genen' of moet ik zeggen mijn 'goden', dankbaar ben. Wat gebeurt er nu tijdens zo'n mystiek avontuur? Het ik-wezentje houdt op te bestaan, het afgescheiden-zijn en de daarmee gepaard gaande eenzaamheid, valt weg. Je krijgt een eeuwigheidsgevoel over je en een verbondenheid met alles en iedereen. Een lichtheid en een vreugde vervullen je. Als je dit eenmaal hebt meegemaakt, wil je nog, wil je meer.

Wandelen, alleen, is een goede methode om mystieke ervaring op te doen. Stapje voor stapje, pas na pas, wordt je ratio met pensioen gestuurd en kom je gaandeweg in een hogere bewustzijnslaag. Wat een mooi woord 'gaandeweg'! De weg gaan en gaande wegraken. Je voelt je lichter worden alsof de zwaartekracht zich erbij neerlegt. Je denken is gestopt. Je bent alleen nog die bewegende stip, dat wandelend ei dat interfereert met alles rondom. Je wordt groter, je groeit, je krijgt meer omvang. De spin wordt haar web. De mens wordt Mens.

Hoe ik er dan bij loop tijdens zo'n wandeling? Dat laat ik over aan de berichtgeving van de 'Penguin Gazette', waarin onlangs een parabel verscheen van twee collega's die mij aandachtig geobserveerd hadden op Alan's Beach bij Dunedin, Nieuw-Zeeland.

Vraagt die ene pinguïn aan de andere: 'Zeg, ben je vandaag die waanzinnige toeriste al tegengekomen?'

'Nee', zegt die andere pinguïn, 'ik zie hier horden waanzinnige toeristen passeren, die meestal gefixeerd naar de grond kijken en lege schelpen verzamelen. Ik begrijp maar niet welke maaltijd ze in pinguïnsnaam met lege schelpen denken te bereiden... Maar goed, ik heb het al lang opgegeven om wat dan ook van toeristen te begrijpen. Maar welke bedoel je dan?'

Zegt die ene daarop: 'Je houdt het niet voor mogelijk! Om te beginnen zit er een beer op haar rug en ze beseft het niet eens! Vervolgens zingt ze de hele tijd Italiaanse aria's en 't ergst van al: ze schreeuwt tegen de meeuwen als een echte meeuw! Ik krijg er kop noch staart aan. En lege schelpen rapen, dat doet ze ook!'

Zegt die andere: 'Ja, maar dát doen ze allemaal. Ze zijn allemaal gek, maar de ene wat meer dan de andere, zeker?'

Veel licht, liefde en leesgenot...

ARGENTINIË

¿Has visto tù algo màs poderoso
que mi gran esperanza?
¿Conoces tù algo màs grande
que mi silencio?

Atahualpa Yupanqui

Zag je ooit iets machtiger
dan mijn grote verlangen?
En ken je iets groter
dan mijn stilte?

Mijn prilste kennismaking met Argentinië gebeurde op de leeftijd van elf jaar. Toen las ik 'De Kinderen van Kapitein Grant in Zuid-Amerika', het dertiende deel uit Jules Vernes Wonderreizen. Daarin werd uitvoerig geschreven over de pampa, in de negentiende eeuw weliswaar. *'Pampa'* zo leerde ik, was het Araucanische woord voor 'grasvlakte' en de Araucaniërs waren de oorspronkelijke bewoners van dit deel van de wereld. Het waren grote mensen, die zogoed als naakt rondliepen en leefden van de jacht en de opbrengst van het land. De *pampa* werd vergeleken met de prairie van Noord-Amerika en de steppen van Siberië. Ze strekte zich uit over zo'n volle zes graden, namelijk tussen de 34ste en de 40ste graad zuiderbreedte. De protagonisten in het boek, verplaatsten zich te paard en mopperden meer dan eens dat de natuur niet de minste verandering onderging. Nog nooit hadden ze zo'n eindeloze eentonigheid gezien. 'Geen schijn of schaduw van landschappen te zien!' stond er.

Voor mijn kinderlijk geestesoog ontrolde zich een groengeel tapijt dat heel snel de einder bereikte, terwijl ik onverstoorbaar verder sjokte op mijn paard. De zon scheen ongenadig, maar toch was er een bries en ik vond het eigenlijk allemaal erg rustgevend.

OCEAAN VAN GRAS

Drie decennia later sta ik er dus echt, op het 'Grote Plat', zoals ik het na een paar dagen gaan noemen ben en begrijp ik beter de verzuchtingen van de Grants. Verder dan vijftig meter kan je niet zien, tenzij je op een recht stuk weg gaat staan of op een van de vele windmolens klautert. Stenen zijn er niet, bomen amper en alle waterlopen staan stil. Gevormd door alluviale afzettingen van de oceaan is die onmetelijke vlakte van tweeduizend op duizend kilometer zelf een zee geworden, een oceaan van gras. In de vochtige delen heeft er zich een dichte begroeiing genesteld, met hier en daar zelfs moerassen of zouthoudende lagunes, maar in de droge gedeelten is de bodem schraal, met steenslag en amper met gras bedekt. De onbeweeglijkheid van het uitgestrekte landschap wordt nog eens geaccentueerd door de zich snel verplaatsende wolken, die onderaan afgeplat zijn. De wind is hier op geen enkele manier tegen

Zonnebloemen en windmolens

te houden en fluistert antarctische verhalen in miljoenen runderoortjes. Het grootste deel van de pampa, die één vierde van de totale Argentijnse oppervlakte beslaat, is ondertussen in cultuur gebracht. Ik rijd tussen graasland met veekudden of velden met graan, maïs en zonnebloemen. Zangvogels van diverse pluimage, musiceren in het riet en bouwen hun nesten op de telefoonpalen. Aan de ongetemde vlakte uit mijn jeugdfantasie werd paal en perk gesteld, letterlijk. Alles is omheind nu, afgebakend, ingeperkt. De leverancier van prikkeldraad moet hier schatrijk geworden zijn.

De 'eindeloze eenvormigheid' waarover de Grants het hadden, wordt op tijd en stond doorkruist door spoorlijnen en spoorwegovergangen. *'Ciudado con los Trenes'* staat er, 'Opgepast voor Treinen' en ook nog *'Pararse, Mirar e Escuchar'*, 'Stoppen, Kijken en Luisteren', voor wie heel veel tijd heeft waarschijnlijk. Ook kleine nederzettingen zorgen voor een aangename afwisseling. Ze dragen de namen van nationale helden, van wie niemand nog weet wat ze precies hebben uitgericht om het vaderland te dienen. Ook nationale feestdagen zijn in trek, zoals 25 de Mayo. ('t Zal je maar overkomen dat je in België in een dorp woont dat 11 juli heet!)

Ik ben op weg naar zo'n godvergeten pampadorp dat luistert naar de naam van Norbierto de la Riestra en ik ben niet alleen. Vijf

Dirk en Juan op het perron

flinke mannen vergezellen me: mijn cameraploeg (vanaf nu 'de kompanen' genoemd) en twee schitterende muzikanten, die allebei iets hebben met Argentinië. Juan Masondo is Argentijn maar leeft in België en heeft verder niets uit te staan met de pampa, en Dirk van Esbroeck is Belg maar leefde in Argentinië en heeft alles te maken met de pampa en vooral met dit dorp, Norbierto de la Riestra.

EEN VOSSIN OP HET SPOOR

'In 1949, toen ik tweeëneenhalf jaar oud was, namen mijn ouders de boot, met al hun hebben en houden, richting Argentinië. Ze hadden geen enkel idee omtrent dit land. Pas op het schip vernam mijn vader dat de mensen in Argentinië Spaans spraken. Iemand had hem wijsgemaakt dat men er Portugees sprak en dus had hij een Assimil 'Portugees zonder moeite' bij zich. Zo kon hij zijn tijd nuttig besteden tijdens de overtocht. Toen een medepassagier hem daarover aansprak en hem vroeg of hij ook aan land ging in Brazilië, viel zijn spreekwoordelijke frank. Eigenlijk reisden ze in 't kielzog van een oom, 'nonkel' Ludo, die als een verkenner vertrokken was, enkele maanden ervoor. Nadat hij in Buenos Aires aan wal gegaan was, had hij de eerste de beste trein richting pampa genomen, omdat hij niet in een stad wilde wonen. Toen de trein stopte in Norbierto de la Riestra, keek hij uit het raam, dacht 'wat een mooi dorp' en was uitgestapt. Hij keek wat rond en was uiteindelijk de drogisterij aan de overkant van het station binnengelopen.'

De winkel is er nog altijd. Typisch voor deze dorpen is de artdecotoets van de gebouwen en de verwaarloosde staat waarin ze zich bevinden. Het geheel straalt een vervallen lieflijkheid uit. De eigenaar van de drogisterij begint breed te lachen, wanneer Dirk zichzelf voorstelt. Natuurlijk herinnert hij zich nog de Van Esbroecks en zeker 'tio' (oom) Ludo! Hij vertelt het gretig: 'Ludo werkte een tijdje voor mijn vader en moest zakken met graan versjouwen, die makkelijk zestig kilo wogen. Hij deed dat op een zeer onhandige manier en de mensen lachten hem uit. Maar toen hij zich niet lang daarna als foto-

De drogisterij

graaf vestigde, verging dat lachen ze snel. Hij verdiende makkelijk en goed zijn brood, terwijl zij nog altijd met zakken sjouwden!' Dirks vader was technisch tekenaar, maar hier werd hij meubelmaker. De winkelier beweert nog alle meubels te hebben die Dirks vader maakte voor zijn huwelijk in 1953. 'Het zijn zeer sterke meubels. Zelfs het bed heeft het overleefd en bewezen dat het van kwaliteit was, want we hebben er zes kinderen in gemaakt!' Hij schatert het uit: 'Je vader was een missionaris!'

Een ander memorabel feit dat bijdroeg tot de onsterfelijkheid van de Van Esbroecks in het dorpsgeheugen, was dat ze hun piano meegebracht hadden. 'Het heeft mijn ouders wel geruïneerd', weet Dirk. 'Bijna alle geld dat ze mee hadden, moesten ze aan de douane betalen als invoertaks voor die piano. Mijn moeder wou dat mijn oudste broer en ik piano leerden spelen. Ze stond erop dat we elke dag oefenden, maar wij zagen onze Argentijnse vriendjes buiten voetballen... en daar hadden we meer zin in. Ik ben dus niet de virtuoze pianist geworden die mijn moeder voor ogen stond. En een virtuoze voetballer ben ik ook niet!'

Zes jaar woonde Dirk in Norbierto de la Riestra. In de kerk, die vreemd genoeg aan de rand van het dorp ligt – 'De kerk kan hier niet in 't midden gehouden worden!' grapt Dirk – deed hij zijn eerste en tevens laatste communie, want in Argentinië wordt de communie maar een keer gedaan. Een gigantische *ombu*, een inheemse boom die alleen in Argentinië voorkomt, staat op het kerkplein. In de dorpskern omzomen nog steeds dezelfde platanen het centrale plein, dat hij elke dag moest oversteken op weg naar school. En het huis waarin ze woonden, ligt er nog onveranderd bij. Maar de hoofdrol in Dirks herinnering is weggelegd voor het station. 'Argentinië is een land met één van de grootste spoorwegnetten. De Engelsen hebben het aangelegd en aangezien het om privé-firma's ging, was de concurrentie enorm. Daarom vind je spoorlijnen, op soms amper vijftien kilometer van elkaar, in dezelfde richting. De wagons

Een van de laatste treinen

waren en zijn nog altijd prachtig versierd met art deco. Ik herinner me de dag nadat Eva Perón gestorven was. Alle passerende treinen zaten stampvol; mensen hingen uit de ramen en zaten op de daken. Het was een impressionerende rouwstoet die naar Buenos Aires spoorde om 'de geliefde Evita' een laatste groet te brengen. Mijn broer en ik speelden graag op de sporen en wat ons fascineerde, ons aan 't dromen zette, was 'la zorra', letterlijk 'de vossin'. Dat is zo'n rijdend platform zonder motor, dat alleen maar voortbewogen wordt door met een hendel te pompen. In onze fantasie trokken we met 'de vossin' de wijde wereld in, valiezen erop, weg van huis en maar pompen, blijven pompen, om zo ver mogelijk te geraken.'

Je ziet de sporen bijna niet liggen, omdat het gras hoog opgeschoten is. Het station is klein en heeft een fraai bewerkt ijzeren afdak. Een grote palmboom verleent het een allure die het niet lang meer nodig heeft. De stationschef wist ons te vertellen dat zijn station hoogstwaarschijnlijk zal gesloten worden, in navolging van al die andere. Sinds de privatisering van het net worden de lijnen een voor een opgedoekt. Reizigers worden doorverwezen naar het busvervoer. Ik moet terugdenken aan een radiobericht dat ik enkele dagen geleden hoorde over een vreselijk ongeval dat 's nachts gebeurd was. Twee bussen waren frontaal op mekaar geknald met tientallen doden als gevolg. Bleek dat geen van beide busmaatschappijen verzekerd was! We wandelen tussen de sporen, het dorp uit en belanden meteen in de pampa. Zonnebloemvelden vullen ons blikveld tot aan de einder.

Dirk loopt nog over de woorden van de stationschef na te denken en zegt tenslotte: 'De spoorlijn was de navelstreng met de buitenwereld. Als 't regende en 't kan hier heel hard regenen, dan geraakte geen enkele auto of paardenkar nog door de modder. Rond het dorp waren enkel verharde wegen en tijdens de regenperiode werden die omgetoverd in modderstromen. Men was dan echt op de trein aangewezen. De macadam ligt er nog maar vijf jaar en veel mensen hebben nog altijd geen auto. Bovendien is de trein een goedkoop en veilig vervoermiddel. Men zal moeten improviseren als die navelstreng met de bewoonde wereld wordt doorgeknipt.'

Ik weet niet meer wie 'hem' als eerste zag, maar aan de hemel voltrekt zich een wonder. Een enorme, perfecte cirkel in de kleuren van de regenboog, omspant de zon. Minutenlang kijken we toe,

Aërobool met mijn hand

tussen het hoog opgeschoten gras, vanonder geloken wimpers. Ik denk dat ik iets te open in de zon heb gekeken, want het is alsof een brandende lucifer over mijn linkeroog gehaald wordt. Dit wondermooi, zeldzaam natuurfenomeen wordt veroorzaakt doordat zonnepartikels zich te pletter storten op onze dampkring en condenseren. Het verschijnsel heeft een mythische dimensie en ik vraag aan een van mijn kompanen om een foto te nemen van de gekleurde cirkel met mijn hand ervoor, zodat ik de zon afdek.

'Een zonneboog', zegt Dirk, die al de hele tijd naar een benaming zocht.

'Een regenboog, maar dan zonder regen', probeert Juan.

'Dus een zonneboog', besluit Dirk laconiek.

Wanneer we terug zijn in het dorp, wordt er druk over en weer gesproken. Veel mensen hebben de wonderlijke cirkel gezien en we horen de benaming vallen: 'aërobool'.

Die nacht slaap ik in als een gelukkig kind met het beeld van kleurrijke cirkels rond zowat alles wat ik kan verzinnen. De aërobool staat op mijn netvlies gebrand. Letterlijk. Mijn linkeroog zal nog weken pijn doen.

DORPSGEHEIMEN

De volgende dag bij het ontbijt vertellen mijn kompanen me een bizar verhaal.

Ze waren gisterenavond nog naar 't enige café geweest en binnen de tien minuten zat het vol met opgedirkte meisjes. En – o toeval! – een van de meiden verjaarde juist die avond. Er werd non-stop whisky getrakteerd en toen ze besloten om terug naar 't hotel te wandelen, werden ze buiten tegengehouden door een wagen die kwam langsrijden. Achter het stuur zat een mooie dame in kamerjas, met duidelijk niets eronder aan, die hen vriendelijk uitnodigde om nog iets bij haar thuis te komen 'nuttigen'. Ze kende hen alle-drie bij hun voornaam. Wat hen vooral tegenhield, was de stilzwij-gende aanwezigheid van twee mannen op de achterbank.

Ik moet terugdenken aan onze aankomst in 't hotel en er amper een kwartier later, twee mooie meisjes met rode lippen en dito gelakte nagels, binnenvielen.Toen ik aan de eigenaar vroeg wie dat waren en wat de bedoeling was, zei hij, alsof het heel gewoon was: 'Oh, die komen hun Engels wat oefenen.' Waarop ik naar hen toe ging, iets in 't Engels zei en aan hun stuntelige reactie te horen, dacht dat er inderdaad nog veel werk aan de winkel was.

Ik stel mijn kompanen gerust dat dit dorp waarschijnlijk te kam-pen heeft met een tekort aan mannen. Maar er is een prikkelende alertheid in mij wakker gemaakt...Wie weet, om het gebrek aan 'schaduwen van landschappen' te compenseren, hebben deze pam-padorpen misschien wel een eigen palet van schaduwen in 't leven geroepen.

Dirk in de radiostudio

De hoteluitbater blijkt ook de baas van het lokaal radiostation te zijn en hij nodigt Dirk uit voor een live-interview. Dirks terugkeer naar Norbierto de la Riestra wordt aangekondigd als de blijde intrede van de verlo-ren zoon, die na jaren weer boven water gekomen is. Dirk wordt Diego en 'tio' Ludo, 'el fotografo' is niet uit de ether weg te slaan. Met de familie-naam heeft de man het moeilijker; het klinkt als 'ZeBroek'. De radiostudio is piepklein; mijn kompanen moeten zich dubbel plooi-en om te kunnen filmen. Bovendien is het er snikheet. Het meisje dat al klaar zit om de plaat op te leggen na het interview, wuift zich koelte toe met de platenhoes. Juan houdt de deur op een kier om toch nog het gevoel te hebben erbij te horen. De studio bevindt zich achter een videowinkel en ik trek mij daar terug. Ondertussen volg ik het gesprek live op een radio die op de toonbank staat. 'Diego ZeBroek, ik weet niet of ik het goed uitspreek, maar met veel liefde kom ik er wel!' Wat me direct opvalt, is een grote wand met rekken, achter de toonbank. De wand is volledig gevuld met donkergrijze, genummerde cassettedozen, terwijl de rest van de winkelruimte in beslag genomen wordt door Amerikaanse kaskrakers met schreeuwerige titels op felgekleurde achtergrond. 'Diego woonde hier, lang geleden, om precies te zijn: bijna veertig jaar geleden!' Ik blijf die grijze cijfermuur bestuderen en ontdek rechts beneden een cassette met nog een originele titel op de rug geplakt. 'Diego was de neef van Ludo, de fotograaf, die velen zich nog zullen herinneren.' Ik ga plat op de toonbank liggen om die enige titel te kunnen lezen en ik lees en herlees hem. 'Héél sympathieke man. Had veel vrienden.' Ik blijf die titel maar herlezen tot het eindelijk tot me doordringt wat erop staat: 'Anal Encounters'. Als een betrapt kind glijd ik snel terug in mijn uitgangspositie, terwijl de radertjes in mijn hoofd op topsnelheid gonzen. En opeens zie ik het allemaal voor me.

Passanten van de mannelijke soort worden vriendelijk opgevangen door onschuldig ogende, opgetutte meisjes, die het eerst proberen met taallessen. Daarna volgen er flink overgoten verjaardagsfeestjes en tenslotte gaat het met de auto, in nietsverhullende outfits, richting 'nest'. Daar zal het dronken gevoerd slachtoffer zich aan een nummertje wagen, dat volledig op video wordt vastgelegd door de twee mannen die op de achterbank zaten! 's Anderendaags verdwijnt de cassette naar de videozaak en kan er een nieuw nummer aan de grijze collectie worden toegevoegd. De aanwinst wordt meteen bekendgemaakt in code, via het radiostation. 'We onderbreken nu even onze uitzending voor een speciale mededeling: nummer 325 is gearriveerd!' Het lijk van de onfortuinlijke passant wordt ergens onder die saaie, verkavelde grasmat gestopt, die zo groot is als de helft van West-Europa.

De eigenaar haalt me uit mijn erotische thriller, want de opnames zitten erop en hij wil ons nog zijn kleine theaterzaal tonen. Het is een prachtige koekendoos met roodfluwelen stoelen, waar tot voor kort films gedraaid werden. Helaas is het allemaal onbetaalbaar geworden en is het buiten gebruik nu. Wanneer ik mijn spijt daarover betuig, neemt de man me even apart en zegt dat het publiek alleen nog maar 'dat bepaalde soort films' wil zien. Ik speel de vermoorde onschuld en hij fluistert me toe dat hij een hotel wil beginnen, iets verderop waar de hoofdweg loopt, om er het 'oudste beroep ter wereld' te promoten. Ik reageer verwonderd doch geboeid, waarop hij mij toevertrouwt dat er toch zoveel geïnteresseerde en capabele meisjes in Norbierto zijn. 'Dat hebben mijn mannen ondervonden', sneer ik.

Hij schenkt mij een grijns zo weids als de pampa zelve.

EEN GOEDE WIND

Juan Masondo werd geboren in de provincie Cordoba, zo'n 700 kilometer hiervandaan. Zijn familie woont er nog steeds. Op weg ernaartoe kunnen we niet anders dan de hoofdstad Buenos Aires passeren. We blijven er een nacht. Telkens wanneer ik hier ben, ontsnap ik graag aan het hectische lawaai van deze meer dan drukke miljoenenstad en ga ik naar de kerkhoven. Het bekendste is La Recoleta, dat te midden van een residentiële wijk ligt. Heldhaftige friezen, gevleugelde vrouwen, bustes, realistische taferelen in marmer en engelen hebben elk hun plekje verworven in deze versteende fantasie. Het is een stad binnen de stad met gebouwen, priëlen, straten en zebrapaden. De architectuur overbrugt een periode van honderd jaar, vanaf het einde van de negentiende eeuw. Deze dodenstad herbergt leden van de rijkste families, maar ook kunstenaars en politici. Vriend en vijand liggen tot in de eeuwigheid naast elkaar.

Buenos Aires is een stad van contrasten. Rond 1880 lanceerde de toenmalige president een campagne om de Europese architectuur te imiteren. Buenos Aires zou het Parijs van Zuid-Amerika worden! Dit resulteerde in mooie stadsdelen met brede boulevards. Maar niet lang daarna werden sommige wijken verlaten, toen de bevolking op de vlucht sloeg voor een cholera-epidemie. Er is dus ontzettend veel vergane glorie te bewonderen en jammer genoeg opteert men sneller voor de bulldozer, dan voor restauratie. Een eeuw geleden behoorde Argentinië tot de tien rijkste landen ter wereld, daarna tuimelde het de welvaartsladder af en kreeg het alle ellende van een derdewereldland te verwerken. De overheid wil het niet geweten hebben. De armen worden van de straat geveegd en gedumpt aan de rand van de stad. Bidonvilles omknellen Buenos Aires als een lelijk halssnoer. Zoals een bevriend kunstenaar het uitdrukte:'Tegenwoordig mag je alles zijn in Argentinië wat vroeger, onder de militairen verboden was. Links, extremistisch, apolitiek, homofiel, om het even wat, het mag allemaal, behalve arm zijn. Dat mag niet!' Ondertussen is de middenklasse zogoed als verdwenen en zoeken kunstenaars hun heil in 't buitenland, zoals tijdens de militaire dictatuur. Hongerige Argentijnen emigreren naar de moederlanden van hun overgrootouders: Italië en Spanje. De cirkel van de armoede is gesloten.

Buenos Aires, wat 'Goede Winden' wil zeggen, heette oorspronkelijk 'H.Maria van de Goede Winden'. (Voor alle duidelijkheid: het gaat om zeewind in 't meervoud.)

De stad werd in 1536 gesticht door de Spanjaard Pedro de Mendoza, wiens naam je, meer dan je lief is, overal tegenkomt. Hij was het die paarden aan de wal bracht en dat is zowat zijn enige verdienste geweest. Zoals het een echte conquistador betaamde, was hij alleen maar geïnteresseerd in goud en zilver. De rivier die in Buenos Aires uitmondt, heet dan ook de 'Rivier van het Zilver', de Rio de la Plata. Gelukkig voor de indiaanse volkeren, die hem toch maar in de weg liepen, stierf Pedro de Mendoza vroegtijdig aan syfilis. Zijn manschappen sloegen op de vlucht. Twintig jaar later duwden de Portugezen zeven Hollandse koeien en één fokstier van het dek af en al heel snel werd een nieuw soort mens geboren, een wilde, vrije natuurmens, een onstuitbare ruiter: de gaucho. De paarden waren ondertussen verwilderd en moesten eerst gevangen worden alvorens getemd. Door de massale aanwezigheid van runderen werd een nieuw tijdperk van vlees en leer ingeluid. Je kon het zo gek niet bedenken, maar leer werd zowat voor alles aangewend. De koepel van de Jezuïetenkerk in Cordoba-Stad is aan de binnenkant volledig met leer bekleed! In de achttiende eeuw exporteerde Argentinië een miljoen huiden. Buenos Aires werd groot door de leerhandel.

Argentijnen zijn nog altijd vleeseters in 't kwadraat. Beroemd is de 'asado', letterlijk 'gebraden vlees'. Het zijn monsterlijke barbecues (dit komt uit de pen van een vegetariër!) waarbij soms een heel rund, als een gekruisigde, gegrild wordt. Maar eigenlijk is 'asado' meer het magische woord, dat synoniem is met vriendschap, gezelligheid en ontspanning. De exuberante vleesconsumptie vergroot de kans op kanker. Om de darmen daartegen te beschermen, drinken de Argentijnen 'maté'. De natuur heeft een struik voorzien, Ilex

Paragayensis, waarvan de enzymen de vleeseiwitten sneller doen verteren, waardoor er geen rottingsproces optreedt in de darmen. Bijkomend effect is dat het hongergevoel weggenomen wordt, daarom wordt het soms 'de koffie van de armen' genoemd. Van de bladeren wordt een thee gezet, die erg bitter smaakt. Theedrinken is geen individueel ritueel in Argentinië. Een fraai bewerkte, zilveren drinkbeker met zilveren rietje, gaat van hand tot hand, van mond naar mond. *Maté* drinken is een sociaal gebeuren, maar niet echt hygiënisch te noemen.

VUURLAND OP DE ACHTERBANK

We zijn een volle dag onderweg om de 700 kilometer te overbruggen naar Cordoba. Het landschap is veel gevarieerder dan de pampa. Hier zijn tenminste bomen, vooral eucalyptus, plataan en johannesbroodboom. De lange, donkere peulen van deze altijdgroene boom, zijn bijzonder geliefd bij de paarden. Ze smaken zoet en worden verwerkt tot surrogaatchocolade (*carob*). Ook de darmen varen er wel bij door de ontgiftende werking. Dirk probeert ons voor te bereiden op het Cordobees (uitgesproken als 'cordovees') dialect en geeft een demonstratie weg van nasale klanken, vreemde klemtonen en een op en neer deinend fonetisch ritme. Tenslotte laat hij Juan een zin zeggen in het Cordobees en vertaalt hij die zin in 't Nederlands, maar met een Cordobees accent. We komen niet meer bij.

Tijdens de autorit, gaan mijn gedachten uit naar Patagonië, het verlengstuk van de pampa en nog verder zuidwaarts, naar Vuurland. Aardrijkskunde was mijn lievelingsvak en zo ontdekte ik op een dag dat versnipperde, omgekeerde driehoekje dat *'Tierra del Fuego'* heet, 'Vuurland'. Er stond een zwart-witfoto bij van een boom, die in plaats van mooi rechtop gegroeid te zijn, bijna horizontaal op zijn stam stond. De takken liepen parallel aan de horizon erachter. 'Windland' zou beter passen bij deze plek, dacht ik. Vanwaar dat 'vuur'? Was er vulkanische activiteit misschien? Hadden de kolonisten alles platgebrand? Was het daar dat een indiaanse Prometheus het vuur aan de mensheid gaf? Zoveel vragen voor zo'n klein hoofd en een antwoord kwam er niet. Toen ik 'De Kinderen van

Kapitein Grant' in handen kreeg, las ik voor 't eerst iets over Vuur-land. 'Het land tussen vuur en water' heette het, maar het vuur had te maken met een verschrikkelijk onweer waarmee de Grants af te rekenen kregen. Ondanks een gedetailleerde beschrijving van hun tocht, vanaf de steenbokskeerkring door de Straat van Magelhaen kwam ik geen stap verder. Het verlossende antwoord kwam er, toen mijn ouders zich in 1968, een lijvig boek van Reader's Digest aan-schaften, met de veelbelovende titel 'Rond de Wereld – Thuis' en ik vanaf pagina 238 een hoofdstuk vond over Vuurland. Ik citeer de inleiding: *'Aan de door stormen geteisterde punt van Zuid-Amerika ligt een in 1520 door Magelhaen ontdekte groep woeste, onherbergzame eilan-den. Het grootste heet Tierra del Fuego. Zeevaarders die rond Kaap Hoorn zeilden, lieten ze liever links liggen; toch is er een obsederende schoonheid in hun verlatenheid.'*

Magelhaen gebruikte aanvankelijk de naam 'Rookland', omdat de inheemsen rooksignalen maakten om elkaar te waarschuwen dat er grote, vreemde schepen in aantocht waren. De cartograaf vond 'Rookland' maar niets en veranderde het in 'Vuurland'.

Hoewel ik betwijfel dat de auteur van de Vuurlandbijdrage er ooit één ontmoette, kwam ik een heleboel te weten over de oorspronke-lijke bewoners, gemakshalve 'indianen' genoemd. Ik citeer: *'In dit gebied wonen drie indianenstammen: de Alakaloufs, de Ona's en de Yama-nà. Ondanks het barre klimaat lopen ze spiernaakt rond en leven van de visvangst, mosselen en degenkrabben. Ze gebruiken kano's, gemaakt uit boomstammen. De Ona's staan bekend als lafhartig en gemeen, en toon-den zich van meet af aan afkerig om betrekkingen met de blanken aan te knopen. Vriendelijke zendelingen keerden deze wilden de andere wang toe en gaven hen dekens om zich warm te houden en hun onkuise naaktheid te bedekken.'*

Wat de man er niet bij schreef, was dat de dekens besmet waren met mazelen, waartegen de inheemsen niet bestand bleken. Waar-heidsgetrouw rapporteert hij: *'Er zijn nu nog maar weinig Alakaloufs, nog minder Yamanà en slechts enkele Ona's in leven.'* Verder schrijft hij: *'Voor vrouwen is het altijd een hard land geweest. Bij de Yamanà was het de taak van de vrouwen om de kano's, waarmee de mannen terugkwamen van de visvangst, vast te zetten op de wierbedden, om diefstal te voorko-men. Daarna sprongen ze overboord en zwommen terug naar 't land.'* Er stond een kleurfoto bij van een oude *Yamanà*vrouw, die recht naar mijn hart ging. Op haar gezicht waren de verslagenheid en de wanhoop van haar volk af te lezen, alsook het onverbiddelijke gevecht dat mensen 'aan het einde van de Aarde' moesten leveren om in leven te blijven.

Het einde van de Aarde, Finis Terrae...Ik heb altijd een fascinatie gehad voor het hoe en het waarom van mensen, die op 't uiterste punt van het land gaan wonen. Veel landen hebben een 'finistère'. Je hoeft er niet eens ver voor te gaan. Engeland, Ierland, Bretagne, Galicië, Schotland of Portugal; allemaal hebben ze die lange Mandarijnnagel die in zee ploft. Het is wonderlijk om op zo'n landeinde te staan. Het is als een springplank voor de geest. Het maakt je alert en kwetsbaar. Achter je ligt het keurslijf van eeuwen geschiedenis, die vertrouwde materie, die je soms o zo beu kan zijn. En voor je strekt zich die panoramische oneindigheid uit, die je doet dromen en verlangen. Daar dobberen onbeschreven pagina's, wacht een nieuw leven vol ontdekkingen en jij beslist. Jij alleen.

Ik ben nooit tot Vuurland geraakt. Zelfs Patagonië, die uitgestrekte piste die eraan voorafgaat, heb ik nooit betreden. (zucht)

Deze verzuchting deed ik luidop, ergens halverwege tussen Buenos Aires en Cordoba. Dirk en Juan hebben haar gehoord. Juan troost: 'In Vuurland wil niemand wonen. Patagonië daarentegen wordt opgekocht door de rijksten van de wereld. Sylvester Stallone heeft 1500 hectare grond gekocht, een meer incluis en Ted Turner, de baas van CNN, bezit nu 5000 hectare. Kledingsgigant Benetton is eigenaar van een onmetelijke strook langs de *cordillera* en kweekt er schapen voor de wol.' Dirk bekent: 'Iedere keer dat ik terugga naar Norbierto, reis ik altijd verder door, naar Patagonië. Die uitgestrektheid, die volheid van de leegte, trekt me erg aan. Ik ga ook voor de ontmoetingen, de verhalen. Mensen zijn er buitenbeentjes. 't Kan ook niet anders met dat ruwe, winderige klimaat.'

Mijn Prometheusassociatie in verband met de benaming *Tierra del Fuego* wordt wel bevestigd door een inheemse mythe over twee goddelijke broers. De oudste had spelenderwijs het vuur ontdekt en de vele praktische toepassingen ervan. Blij als een kind wou hij het vuur brandend houden zodat de mensheid het te allen tijde kon gebruiken. Een soort 'eeuwige vlam' voor nuttige doeleinden. Maar de jongere broer was 't daar niet mee eens. Hij vond dat ze 't de mensheid niet te gemakkelijk moesten maken en doofde het vuur.

Het hemels vuur is er nog steeds, zij het op een minder aangename manier. Door het ozongat boven Antarctica is de Finis Terrae van Zuid-Amerika bereikt. In Punta Arenas verbrandt een niet-beschermde mensenhuid reeds na zeven minuten. Hoewel de Vuurlanders de ultraviolette bui al voelden aankomen, gaat de officiële richtlijn dat ze gewoon binnen moeten blijven, hen toch te ver. Na een winter van zeven maand is het onmogelijk wie dan ook binnen te houden. Bovendien zijn er weinigen kapitaalkrachtig genoeg om zonnecrèmes, brillen en hoeden te kopen. Zoals de oermensen uit Vuurland door beschavingsziekten verdwenen, al dan niet met opzet verspreid, zullen de huidige inwoners van Punta Arenas, Ushuaïa en het woeste land dat ertussenin ligt, langzaam opkrullen als spekschijfjes in een te hete pan, tot er alleen nog rivieren van warm vet overblijven die hun weg zoeken naar de zee. De twee goddelijke broers zullen het zeker gezien hebben en de jongste van hen zal kwaad opspelen: 'Ze hebben het alweer verknoeid, de mensen!'

SUIKERBROOD

Juans tante woont in Cosquin, een stadje vlak bij Cordoba. Het ligt aan de voet van een enorme heuvel die de vorm heeft van een suikerbrood en dus 'Pan de Azucar' genoemd wordt. Suikerbrood is blijkbaar geliefd in Zuid-Amerika. Elk land heeft wel zijn 'Suikerbroodberg'. De beroemdste is de enorme rots aan de haveningang van Rio de Janeiro.

Juan en zijn tante

We bellen onaangekondigd aan bij de tante. Het duurt erg lang en wanneer ik door de brievenbus loer, zie ik een paar blote damesvoeten in pantoffels aankomen. De deur gaat open maar blijft op een smalle kier. Ze draagt een kamerjas en heeft kleine oogjes. Wanneer ze eindelijk haar neef herkent, lanceert ze een 'Juààààààn!' met hoge tremolo, Bianca Castafiore waardig. Ze verontschuldigt zich voor haar uiterlijk – het is tenslotte siësta! – en verdwijnt in de badkamer. We gaan zitten op de binnenplaats en Juan vertelt het verhaal van het huis. 'Dit huis is gebouwd door mijn grootvader, die metselaar was. Alles is van zijn hand, ook het houtwerk, de ramen. Zelfs de bloempotten! Zie je die blauwe mozaïeksteentjes op de potrand? Dat waren de restjes van een zwembad dat hij had aangelegd. Dit huis is intact. Het ziet er nog altijd zo uit als in mijn kindertijd.' Het is een lieflijk huis met gietijzeren pilaren, gekleurd vensterglas en een oud fornuis. De muren zijn beschilderd met patronen en afgebiesd met badende engeltjes, bloemen en druiven. De tante komt binnen in een lichtblauwe deux-pièces en posteert zich als een diva in de deuropening: 'Nu ben ik toonbaar!'

De andere grootvader van Juan was stationschef. Alle weekends en zomervakanties bracht Juan bij hem door. We wandelen naar de Pasaje San Antonio waar zich nog steeds het huis bevindt dat grootvader liet bouwen. 'In 1932 had mijn grootvader het groot lot gewonnen van 30.000 *peso's*. Naar hedendaagse valuta omgerekend zijn dat ettelijke miljoenen! Met een deel van het geld heeft hij dit huis laten bouwen. Kijk, die magnoliaboom heeft hij geplant toen ik tien jaar oud was! En ook die laurierboom! Ik slaap samen met mijn grootvader in die hoekkamer; mijn grootmoeder sliep daar, met een nicht. Dit huis is totaal veranderd.'

Het station van Cosquin is er nog, maar lag jammer genoeg aan een van de vele opgedoekte spoorlijnen. 'Het was een prachtig station, in rood en groen geschilderd. Echt een kopie van een Engels station. Nu dient het dus om auto's in te parkeren. Het gebouw van het entrepot werd gekraakt. Cosquin is nogal welvarend en dat trekt arme families aan. Deze mensen hebben niet het accent van de streek, hoor ik. Ze komen uit het noorden. Misschien waren ze op weg naar Cordoba of wie weet, Buenos Aires, en zijn ze hier blijven hangen. Terug naar hun geboortestreek, gaan ze toch niet meer, uit schaamte. Ze zijn in elk geval hier beter af, dan in de hoofdstad.'

Van Cosquin naar Cordoba, waar Juans ouders wonen, is nog geen dertig kilometer. De voordeur zwaait open en ook hier zijn de tremolo's niet uit de lucht weg te slaan. Het zijn lieve, goedlachse mensen. De moeder is een mooie vrouw met korte, sneeuwwitte haren. Het opvallendste kenmerk van de vader is de onwaarschijnlijk

Juans ouders

grote haviksneus. Juan heeft de muzikale genen geërfd van zijn vader, die ook Juan heet. We zitten nu dus met twee Juans: Juan Bautista en Juan Damiàn. Ik hou het op Juan en 'papa'. Het weerzien wordt bezegeld met een *asado* in de tuin, waar ik me vergaap aan kolibries die de bloemen komen leegslurpen. Juans broer is er ook en vertelt de ene mop na de andere. En uiteraard wordt er gitaar gespeeld en gezongen. Weemoed en wilde galop wisselen elkaar af. Juans stem is één van de mooiste die ik ken. Het is een strelende stem waarin alle emoties versmolten zijn tot een universum. Ze klinkt als fluweel, maar toch is er die zachte dwang die je in de gewenste richting duwt. 'Je stem is als een goeie rode wijn', zeg ik nog, voor ik doodmoe in slaap val.

DE DUBBELE INCA

De familiebezoeken zijn achter de rug en we trekken pal naar het noorden.

Cordoba heeft een mild, continentaal klimaat met warme dagen en koude nachten. Het is de groene provincie van Argentinië met wouden, rotsparken, een inlandse zee, watervallen, heuvelland,

Haciënda

hoge bergen en een altijd blauwe hemel. In het westen ligt de *Sierra de Cordoba*, als een verre aankondiging van de *Cordillera de los Andes*. Het is een vruchtbaar landschap, dooraderd met duizenden waterlopen. Waar rivieren samenvloeien, ruisen watervallen. Aan de voet van groene hellingen grazen witte paarden en op omheiningspalen slaan grappige uiltjes ons gade. Wilde bloemen reiken tot heuphoogte. Slechts af en toe komen we *hacienda's* tegen, in oud-koloniale stijl, verborgen tussen het groen.

Juan beweert met stelligheid: 'Dit is het aards paradijs!'

Dirk relativeert: 'Toch bijna.'

Juan concludeert: 'Als het aards paradijs bestaat, dan is het hier!'

Ik kan het niet laten hem te vragen waarom hij toch in dat lelijke land, dat België heet, is komen wonen. Zijn antwoord is ontroerend: 'Ik woon op het podium. Daar ben ik op mijn gemak. Een podium heeft geen nationaliteit.' En hij begint een *malambo* te dansen. Deze solodans, die op de voeten is gefocust, is zeer populair in het Argentijnse binnenland. Het getrappel van paardenhoeven wordt zo getrouw mogelijk op muzikale wijze geïmiteerd. De onderbenen zitten zeer los en de zijkanten van de voeten worden tegen de grond gedrukt, alsof men zijn enkel verzwikt. Ondanks het gestamp blijft het geheel zeer speels en lichtvoetig. De voeten worden een instrument op zich. De associatie met tapdans is onvermijdelijk en ik denk dat ik nu weet waar de Amerikanen hun mosterd haalden. Dirk heeft alweer trek in een *asado*, maar we moeten nog enkele honderden kilometers hogerop, naar *Cerro Colorado*, wat 'Gekleurde Heuvel' betekent.

De heuvel bestaat echt en het dorpje van 350 inwoners, is ernaar genoemd. Aan de oever van de Rio de los Tartaros bevond zich het onderduikadres van Ettor Chavero. Toen de militairen hem, na de zoveelste staatsgreep, achternazaten, vluchtte hij hierheen. Van de naam 'Ettor Chavero' zal niemand opkijken. Maar Atahualpa Yupanqui daarentegen, zal hier en daar een lichtje doen branden. Met dit pseudoniem combineerde deze half-Baskische, half-indiaanse artistieke duizendpoot, de namen van twee Incaopperhoofden. Hij was dichter, zanger, acteur, gitarist en componist van tweeduizend liederen. Hij is een zeer belangrijk figuur voor de Argentijnse muziek want als allereerste bracht hij indiaanse muziek op een westers instrument, de gitaar. Op die manier liet hij de blanke cultuur kennismaken met de indiaanse traditie. Op het einde van de jaren '40 van de vorige eeuw, werd hij in Frankrijk geïntroduceerd, door niemand minder dan Edith Piaf. Hij leefde trouwens jaren in Frankrijk maar gaf concerten over de hele wereld. Hij was een geboren solist met een sobere zeggingskracht. Hier, in Cerro

Colorado, stierf hij op 84-jarige leeftijd van ouderdom. Zijn schuil-
plaats werd een museum, dat aan hem gewijd is.

Dirk en Juan hebben Atahualpa Yupanqui verscheidene keren
ontmoet. Ze zijn nog steeds onder de indruk als ze terugdenken aan
die sterke persoonlijkheid met dat enorme charisma. Juan zag hem
voor 't eerst als zesjarig jongetje en Yupanqui bezorgde hem een
onuitwisbaar geluksmoment toen hij Juans eerste gitaar signeerde.

De boodschap van Atahualpa Yupanqui is universeel, sociaal
bewogen, diep menselijk en melancholisch. In een lied dat hij
schreef voor de landarbeiders, verwoordde hij het als volgt:

'Als je naar het veld gaat
wijk dan niet af van het pad.
Je zou op dromen trappen
van slapende voorouders.
Verkruimelde aarde zijn ze,
de kiem van het koren.
Ook de keien zijn ze, verspreid
over de rivieroever.
Landman, landarbeider,
voor jou zing ik!

Hoeveel keer, hoeveel keren
zijn ze hun kreet gaan smeden
ver voorbij de zaaibedden
in het vuur van de avond?
De mens en zijn heilige opdracht:
sneeuw, zon en daartussen het offer.
Leven zaaien en sterven.
Kreten smeden en leven.
Landarbeider, landman,
voor jou zing ik!'

MOEDERZIEL ALLEEN

Afgelopen nacht had ik een bevreemdende droom. Was het onder
invloed van de paradijselijke omgeving of had Atahualpa Yupanqui's

lied een gevoelige snaar in mijn herinnering geraakt? Ik weet het niet. De droom was een aaneenschakeling van momentopnames, gespreid over de seizoenen. Ik was een man van middelbare leeftijd en droeg een lang, bruin gewaad.

Ik werk op het land, helemaal alleen. Ik bewerk de grond met een primitieve schop en een hak. Het is vruchtbare grond, maar eerder aan de droge kant. Het is vroeg in de lente. Aan de einder tekent zich een ruig gebergte af zonder sneeuw, met bruine glooiingen. Ik geniet van de kleuren van de zonsondergang op de berghellingen.

Ik werk nog altijd op het land. Ondertussen zijn er al een heleboel gewassen uit de grond gekomen. Ik ben nog steeds alleen.

Ik leef van de opbrengst van het land. Het is zomer geworden. Sommige gewassen staan tot op heuphoogte. Ik krijg bezoek van een wezen dat ik alleen maar kan omschrijven als een engel. Hij is vleugelloos, maar zweeft zo'n dertig centimeter boven de grond en zijn gezicht straalt kracht uit. We praten gemoedelijk.

Het koren staat hoog en ik moet beginnen met de oogst. Ik werk nog steeds elke dag op het land. De engel komt dikwijls op bezoek.

De oogst is binnen en ik bereid de grond voor op de winter. Buiten de engel die langskomt, ben ik helemaal alleen. Ik vind de zonsondergangen op het gebergte nog steeds mooi en geniet ervan. Ten langen leste durf ik hem de vraag te stellen die al maanden op mijn lippen brandt: 'Ben ik de enige die hier nog rondloopt?' Met 'hier' bedoel ik de Aarde. Hij glimlacht en antwoordt: 'Neen, er zijn er nog. Maar jullie zitten verspreid en te ver van elkaar af, om contact te kunnen hebben. Dus ja, eigenlijk ben je hier de enige die overgebleven is.

Ik voelde me heel rustig na de droom. Het waren zeer realistische beelden, alsof ik naar de film zat te kijken van één van mijn 'zelven' uit lang vervlogen tijden. Typerend is dat je jezelf altijd voor een groot stuk herkent in die andere 'zelf'. Ik wroet graag in de aarde en ik ben altijd gelukkig als ik alleen ben. Eigenlijk zou ik het helemaal niet erg vinden, als ik niemand meer zou zien. Toch ben ik blij als ik mijn kompanen tegen 't lijf loop, die net de zonsopgang gefilmd hebben.

Cerro Colorado ademt een tropische, koloniale sfeer uit. Misschien omdat er beekjes lopen over de onverharde straten, na het onweer van vannacht. Het dorp is prachtig gelegen aan een kloof, waarvan de rotsen volgeschilderd zijn met precolumbiaanse tekeningen van de Ayampitin. De kleuren zijn jammer genoeg erg verbleekt, maar geen nood, in een klein museum zijn reproducties te bezichtingen van alle rotsschilderingen.

De kleuren zijn vooral gebaseerd op oker-rood, maar er is ook wit en zwart. Ik herken condors, zwangere guanaco's, ruiters te paard, boogschutters, rijen met dansende figuurtjes en veel geometrische motieven zoals spiralen. Ik ben verbaasd dat dit stukje erfgoed met zoveel liefde gekoesterd wordt, want Argentijnen willen niets te maken hebben met indiaanse culturen. De paar keer dat ik informeerde naar indiaanse medeburgers, kreeg ik gefronste wenkbrauwen te zien, werden de schouders opgehaald en kreeg ik te horen dat 'er hier geen indianen zijn', alsof ik hen van iets heel vies had beschuldigd. Ze hadden natuurlijk gelijk: er zijn omzeggens geen indiaanse volkeren meer in Argentinië. De veeboeren slachtten hen af of verdreven hen naar de onvruchtbare hoogvlakten.

Rotstekening van een ruiter

Vlak bij het museum bevindt zich het enige café-restaurant annex winkel. We eten er dikke omeletten en van 't een komt 't ander.

Dirk en Juan beginnen gitaar te spelen, de uitbater mobiliseert het dienstertje, trommelt zijn jongere broer op en we krijgen een onvervalste *chacarera* gepresenteerd. Deze beheerste paringsdans – wat is het aards paradijs zonder zo'n dans? – verenigt oorlog en vrede op de dansvloer. Het is een choreografie van aantrekken en afstoten, waarbij de vrouwelijke pool zich gedraagt als een kabbelend beekje, terwijl de mannelijke helft ons meevoert naar de pampa. Hij vertolkt het springerig gedrag van het veulen en het gestamp de hengsten, voor de paring. En toch blijft alles licht en speels. Allebei dansen ze met opgeheven

De chacareradans

armen en knippen ze met de vingers. Het meisje heft af en toe haar wit jurkje op. De jongen draagt blauwe turnpantoffels en een heupband waarin het woord *'argentina'* geweven is. Het zweet parelt op zijn gezicht. De ventilator aan de zoldering draait zijn toerental maar kan niet verhinderen dat het zeer broeierig wordt. De sensualiteit van de jongen vult het hele lokaal. Ik word weemoedig als ik bedenk dat ik hier binnen een paar uur alweer weg ben.

Op de terugweg uit het paradijs stoppen we nog even bij de *Uritorco*, een berg vol ijzer en koper, waar alle kompassen doldraaien en ik barstende hoofdpijn krijg. In *Los Cocos* ligt een virtuoos aangelegd labyrint en in *Ongamira* bewonderen we de wondermooie roze rotsformaties. Argentinië is een prachtig land, waar afstanden nog bestaan en waar je 't gevoel hebt nog te kunnen reizen. Het is zalig om nog even tussen al die wilde bloemen te wandelen en zoals steeds, wanneer je weggaat van een geliefde plek, laat je een stukje van je ziel achter, zodat je wel moet terugkomen ooit, om dat achtergelaten splintertje op te halen.

Afbeelding van de ziel

Die ganse terugweg denk ik aan één van de rotstekeningen, waarvan verteld werd dat het de afbeelding van de ziel was. Het is een gezicht met ogen en een neus en één groot oor, maar geen mond. Onder het gezicht zijn tentakelachtige krullen die de tastzin zouden voorstellen. De ziel hoort dus, ziet, ruikt en voelt, maar praat niet.

Wanneer ik zwijgend op het vliegtuig zit, vang ik een laatste glimp op van die groene lap van tweeduizend kilometer lang en duizend kilometer breed en zinderen de woorden van Atahualpa Yupanqui na in mijn galopperende brein:
'Llenaba la pampa, mi galopar de esperanzas... sin prisa ni rumbo, ni corazon ni distancia.
De pampa vulde zich met mijn galop van verwachtingen... zonder haast noch doel, zonder hart noch afstand.'

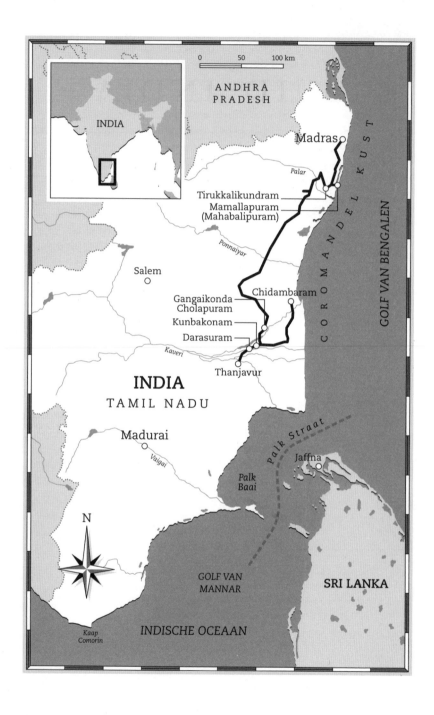

ZUID-INDIA

*'India, de grote dromer, dompelt ons onder
in de droom van de eeuwigheid.'*

Eduard Schuré

TNOI D6388 is het nummer van de gemotoriseerde riksja die mij door de chaos loodst van de miljoenenstad Madras. De carrosserie van de driewieler is in 't geel geschilderd en de dakkap is van zwart vinyl. Als een lawaaierige, stinkende hommel, die een gevaarlijke voorliefde vertoont voor scherpe bochten, zoekt hij zijn weg tussen koeien, bussen en fietsers. Het is 1 januari vandaag en ik bedenk dat dit waarschijnlijk de luidruchtigste nieuwjaarsdag van mijn leven wordt. Ik ben op weg naar een van de vele tempels en zoals ik altijd doe wanneer ik niets om handen heb, tel ik cijfers op. De som van het riksjanummer 6+3+8+8 is 25, 2+5 is 7. 'Lap,' denk ik, 'alweer een zeven.'

ALLES IS GETAL

De Amerikaanse schrijver en filosoof Arthur Koestler schreef: *'Getallen zijn niet blindelings op de wereld gegooid. Ze zijn regelmatig geordend, zoals kristalvormen of consonanten van de toonladder, volgens de alomvattende wetten van de harmonie.'* Lang voor hem zei de Griekse Pythagoras dat getallen de sleutel vormen tot een universele, goddelijke wereld die altijd resulteert in harmonie. Het woord 'harmonie' komt trouwens van het Griekse 'harmonia' dat 'verbinding', 'samenvoeging' wil zeggen. Iedere vorm of gedaante kan uitgedrukt worden in getallen. Alles is getal.

Vanuit deze wetenschap ben ik absoluut een 'heptatonische' persoonlijkheid (g'hepta of g'hepta nie!). Alles aan mij is zeven: mijn naam, geboortedatum, telefoonnummer, menstruatiecyclus, zelfs het postnummer van de gemeente waar ik woon. Zeven is het getal dat het meest mijn pad kruist. Zo ook vandaag. Mijn hotelkamernummer is 115, dus 1+1+5 is 7. In het postkantoor droeg het loket voor 'speedpost' het nummer zeven. Het winkeltasje in Pushpa Silk Shoppe was met een zeven gemerkt. En ondertussen was het 43ste Fine Arts Festival aan de gang, 4+3 is 7.

Samen met het getal drie is de zeven het belangrijkste, heilige getal in de traditie van de oude, oosterse culturen. Ik doe een greep uit de Indische traditie: er zijn zeven heilige steden, er is sprake van zeven planeten rond de zon, met daaraan gekoppeld zeven geluksgoden en ons etherisch lichaam heeft zeven energiecentra, *chakra*'s

genaamd. Zeven is het mystieke getal van de schepping en daarom
wordt de vuurgod Agni afgebeeld met zeven tongen. Zowel hemel
als hel kennen zeven lagen, trillingsniveaus. De Indiërs kennen echt
een zevende hemel waar het heerlijk toeven is bij de vader-moeder
van alle wezens. Gods zoon, Krishna, wat 'de gezalfde' betekent
(waar hebben we dat nog gehoord?), leidde een boetvaardig leven
van zeven jaar, wat van hem een heilige maakte en voor hij zichzelf
offerde voor de bewustwording van de mensheid, bad hij gedurende zeven dagen om op de zevende dag vermoord te worden. De
muziek met haar zeven grondtonen – *sa, ri, ga, ma, pa, dha* en *ni* – (te
onthouden met de zin 'het *sari-gamma* is verbluffend, zei *pa*, maar
dhà gaat ge *ni*e dragen!') en de zeven stralen van het kleurenspec-
trum, symboliseren de harmonie en de orde achter de schepping.
De regenboog vormt de brug tussen de hogere, goddelijke wereld
en de lagere, menselijke dimensie. Ten slotte is de zeven verbonden
met de vrouwelijke levensfasen: op tweemaal zeven is er de eerste
menstruatie, op zevenmaal zeven de laatste.

'Aangezien dit India is, zal de zeven nog meer dan anders op mijn
weg komen', is mijn laatste gedachte wanneer de chauffeur stopt
voor de Kapalisiwarartempel. Alleen wist ik toen nog niet hoe.

SHIVA

De Kapalisiwarartempel is een spits oplopende, piramidevormige
taart. De buitenkanten zijn bekleed met honderden beelden. De
grootte van de figuren is recht evenredig aan hun plaats op de hië-
rarchische ladder. Hoe goddelijker, hoe groter. Allen zijn het personages uit Shiva's leven, want aan de Heer van de Zeven Heuvels,
zoals hij ook wel genoemd wordt, is de tempel gewijd. De overheersende kleuren zijn roze en lichtblauw. Nog nooit zag ik zo'n indrukwekkende kitsch. Bij de ingang worden bloemenkransen verkocht.
De welriekendste zijn gemaakt van jasmijn en tageet. Wierookstal-
letjes staan aan weerskanten en van elk merk brandt er wel een stokje. Ik moet door een echte geurpoort stappen. Alle vuiligheid van de
stad wordt geneutraliseerd en als een frisse bloem betreed ik het heiligdom. Gelovigen overhandigen de bloemenkransen aan brahmaanse priesters die ze rond Shiva hangen. Het kosmisch rijdier van

Shiva is Nandi, de witte stier en heel oneerbiedig bedenk ik dat Shiva wel een stierennek moet hebben om deze overvloed aan kransen te kunnen torsen. Het beeld is er helemaal onder bedolven. Terug buitengekomen merk ik nog een kraam op, met postkaarten en heiligenportretten en word ik op slag verliefd. Shiva, o Shiva!

Shiva

Deze bleekhuidige schoonheid maakt deel uit van de *Trimurti*, de Heilige Drievuldigheid, met Brahma als Schepper, Vishnoe als Behouder en Shiva dus, als Vernietiger. Vernietigen klinkt nogal negatief, daarom ben ik geneigd hem 'de Schrapper' te noemen, de god van de tabula rasa. Alles schrappen om opnieuw te kunnen beginnen, met een schone lei. Zijn verschijning is absoluut vrouwelijk: lang haar, rechte neus, sensuele mond en de ogen in devotie neergeslagen. Deemoed in grandeur. Hij draagt de maansikkel op zijn voorhoofd en de zonneschijf achter zijn hoofd. Zijn belangrijkste embleem is de drietand en in zijn hals staan drie intrigerende witte strepen met een cirkel eronder. Ronduit fascinerend is het 'derde oog' dat rechtop staat tussen zijn wenkbrauwen. Deze open fontanel is het gevolg van een stoeipartij met zijn gade, Parvati, die zijn beide ogen met haar handen had afgedekt. De kosmische complicatie van haar plagerij was niet te overzien. Alles werd door duisternis overspoeld. Dus creëerde Shiva dat extra oog om de chaos tot staan te brengen. Shiva ziet u. Altijd.

Ook hij zou mijn pad meer dan eens kruisen. Tenslotte was ik hier om in de voetsporen te treden van tempeldanseressen en was hij niet de Heer van de Dans, *Sri Nataraja*?

DANSEN IS LIEFDE

Madras is de hoofdstad van Tamil Nadu, de zuidoostelijke staat van India. Hoewel het een miljoenenstad is, wordt er weinig aan hoogbouw gedaan en zijn er verrassend veel parken. De apostel Thomas, de twijfelaar, kwam hier aan als eerste missionaris. Hij werd uiteindelijk vermoord. Tamil is de taal van het zuiden en de inwoners zijn Dravidiërs, donker van huid. De Dravidische cultuur was de oorspronkelijke, inheemse cultuur van heel India. Toen er invasies kwamen van Indo-Germanen, de zogenaamde Ariërs, (voor alle duidelijkheid; het woord 'Ariër' heeft niets te maken met ras of nationaliteit, maar betekent 'nobel', 'edel', een kwaliteitslabel dat ze zichzelf gaven) en later van islamitische volkeren, werden de Dravidiërs naar het zuiden verdreven. Tamil Nadu werd niet onder de voet gelopen dankzij zijn geïsoleerde ligging.

Ik wandel naar het strand, het tweede grootste ter wereld, en ben verrukt dat sfeer noch uitzicht bezoedeld worden door parasols, plakkerige ligstoelen, dikke blote mensen of ijsventers. Er wordt gewandeld, gebabbeld, geflaneerd. Het ritselen van fraaie gewaden versmelt met het ruisen van de zee. Een paar vrouwen lopen volledig gekleed de oceaan in. Hun kletsnatte *sari* kleeft aan hun lichaam en toont hen naakter dan naakt. Het doet me denken aan de tempelbeelden die ik zag van halfnaakte godinnen of aardse vriendinnen van de goden, met hun grote, ronde borsten geprangd in een onzichtbaar korset, met hun wespentaille en gewelfde heupen. Ik heb hier afgesproken met een fantastische vrouw, die India als geen ander kent en mij zal initiëren in de oude tempeldans, het doel van mijn reis. Begin jaren '70 vertrok ze uit Gent en belandde in Madras en ze vond wat ze zocht: een dansleraar. Als eerste Belgische bekwaamde ze zich in deze dansdiscipline en jaren later voerde ze hier haar *arangetram* uit, een eerste openbaar optreden als bewijs van meesterschap. Maar ik laat Jetty Roels liever zelf aan 't woord.

'Ik was altijd al geïnteresseerd in oude rituelen en aangezien de Indische dans gegroeid is uit een sacraal gegeven, lag het voor de hand dat ik deze richting zou uitkomen. Weet je, bij ons in 't Westen wordt er gedanst vanuit een bevlieging of om te pronken. Westerlingen zijn achteraf altijd uitgeput omdat hen nooit geleerd werd hoe hun energie te behouden. Ze verspelen hun energie aan springen, schudden (lacht), maar een circuit creëren van geven en weer opvangen, kennen ze niet. Hier is dat anders. De danseres heeft haar energie zo onder controle dat die nog groter wordt.'

'Werd je interesse voor de Indische dans geapprecieerd?'

'Ik ben hiernaartoe gekomen zonder een retourbiljet op zak. Ik wou over land, via Teheran, terugkeren maar dat is me nooit gelukt. Ik kwam in Bombay aan en heb de trein genomen. Hier, in Madras, was men zeer onvriendelijk. Men begreep niet wat ik hier kwam doen. Als westerse zou ik dit toch nooit kunnen! Uiteindelijk ben ik bij een oude, bekende leraar terechtgekomen, maar het klikte niet. Ik ben dan gewoon weggegaan bij hem, wat eigenlijk niet kan. Als leerling zet je de traditie van de leraar voort en die lijn mag niet onderbroken worden. Maar dat wist ik toen niet.'

'Waarom ging je niet naar de Kalakshetra-academie, de school bij uitstek met een internationale reputatie?'

'Maar dat was niet mogelijk! Het is een voltijdse opleiding van vier jaar en ik was hier hooguit vier maanden per jaar. Privé-onderwijs was de enige oplossing en gelukkig kwam ik via mondelinge reclame bij een schitterende lerares terecht. Ik was haar eerste westerse leerling en daar was ze zo trots op (lacht). Bij haar ben ik gebleven.'

'En elk jaar kwam je terug.'

'Ongeveer wel, ja. Je mag niet vergeten dat er 108 poses zijn – *karana*'s – en ontelbare handhoudingen – *mudra*'s – waarbij elke vinger een specifieke positionering heeft. Dan zijn er nog de gezichtsuitdrukkingen – *rasa*'s – die de emoties van de uitgebeelde personages illustreren. Als je *karana*'s, *mudra*'s en *rasa*'s als de bouwstenen van de dans beschouwt, is er nog het cement van een 800-tal danspassen dat alles tot een geheel maakt. Dat vergt jaren studie.'

'Hoeveel procent beheers je van deze materie?'

'Dat valt niet uit te drukken in percentage. De Indische dans is niet te vergelijken met ballet. Ten eerste is er de kennis van het repertoire, de teksten en de composities waarop gedanst wordt, ten tweede de theoretische kennis met de literatuur over deze oude danstraditie en ten slotte is er de praktische uitvoering, de dans zelf. Aangezien ik geen Sanskriet ken, ben ik aangewezen op Engelse vertalingen van het repertoire of de literatuur, dus daar zit ik al met een beperking.'

''Wordt er niet met de opleiding begonnen van kindsbeen af?'

Het gesprek wordt onderbroken door een gedempt geroep achter ons. Aan de overkant van de strandpromenade staan leerlingen van de meisjesschool samengetroept op de speelplaats. Alle ogen zijn naar de hemel gericht. Een arend maakt aanstalten om te landen in een van de bomen. Je kan het zo gek niet bedenken maar bijna alles in India is heilig. Dus ook deze arend. Mannen op de fiets stoppen, voorbijgangers nemen plaats in 't gras om zich te vergapen aan de vogel. Dit soort van kinderlijke verwondering is mij niet vreemd.

Jetty is ondertussen ook gaan zitten. 'Dit is zeker een van de redenen waarom ik telkens opnieuw teruggekeerd ben. De dieren, de warmte, de geuren... Weer thuis had ik altijd zo'n heimwee naar dit alles, hoewel de natuur in die twintig jaar er enorm op achteruitgegaan is.'

'Heb je een band met het hindoeïsme?'

'Telkens als ik een dans instudeerde die het verhaal vertelde van een of andere god, kocht ik boeken of ging ik een kijkje nemen in een tempel, gewijd aan die god. En zo groeide geleidelijk aan mijn interesse voor het hindoeïsme. Het is een oude fascinerende godsdienst die zoveel aspecten kent; zoveel evoluties heeft doorgemaakt. Pas op, ik ben geen hindoe en zal dat ook nooit zijn, maar in de zoektocht naar mijn betrokkenheid of beter, de drijfveer achter die betrokkenheid, was het onvermijdelijk dat ik mezelf tegenkwam als spiritueel wezen. Ik begreep de overgave en de liefde – *bhakti* – waarvan sprake is in de godenverhalen die ik danste. Die verhalen zijn beslist meer dan alleen maar anekdotes. Er schuilt een oneindigheid achter, een tijdloze symboliek. Een veel voorkomend thema is dus *bhakti*, de liefde voor een god; vaak een ongelukkige liefde, maar toch liefde. Dat verhaal dansen is liefde. Dansen is liefde.'

BHARATA NATYAM

's Avonds vindt er een opvoering plaats van Bharata Natyam, want zo wordt de oude dans genoemd, in Mylapore, een buitenwijk van Madras. Ik heb nog net de tijd om me in de oorsprong van de Bharata Natyam te verdiepen.

De kennis van dans en theater werd door de goden aan de mensheid geschonken om het Tijdperk van de Duisternis, Kali Yuga, waarin we ons nog steeds bevinden, te kunnen overleven. Zowel dans als theater vormen een aangenaam en voor iedereen toegankelijk medium om '*mukti*' te bekomen, 'bevrijding'. Uit de dans vloeiden andere disciplines voort zoals de beeldhouwkunst, de muziek en de schilderkunst, waartoe ook de grime gerekend wordt. Deze kennis – de Indiërs beschouwen het als een wetenschap – werd door de heilige Bharata te boek gesteld en als handleiding, Natya Sastra genaamd, verspreid in alle paleizen en tempels. De naam 'Bharata' is de combinatie van de eerste lettergrepen van *Bhava* (gemoed), *Raga* (muziek) en *Tala* (ritme). Zo ontstond de Bharata Natyam, de heilige tempeldans die uitsluitend door vrouwen gebracht wordt.

Een honderdtal mensen zijn samengestroomd in een vierkantige zaal met een laag podium. Uiterst rechts staat een ingelijste foto van een mooie man, die naar ik aanneem, overleden is en aan wie de opvoering wordt opgedragen. Een prachtige krans van jasmijn is over de lijst gedrapeerd en slingert langs een kandelaar om te eindigen aan de voet van een bronzen *Sri Nataraja* (Dansende Shiva), zoals hij in alle musea te bewonderen is. Van Bharata Natyam wordt gezegd dat het de aardse imitatie is van Shiva's kosmische dans.

De solodans die hier opgevoerd wordt, is in zijn geheel zeer elegant om te zien, gracieus, verfijnd en de danseres is een schoonheid.

Jetty's lerares

Toch voel ik haar fysieke kracht, haar absolute spiercontrole. Het ritme van de danspassen wordt aangegeven door het schelle geluid van cimbaaltjes en versterkt door de zware enkelbellen die ze draagt. Het statische, mimische gedeelte – *abhinaya* – geeft haar de gelegenheid om weer op adem te komen. De zanger zit vooraan op de grond. Het publiek begrijpt elke beweging, elke zanglijn. Ik zit een beetje als een koe naar een voorbijrijdende trein te kijken want ik snap niets van het verhaal, dat ofwel uit de Mahabaratha komt ofwel uit de Ramayana, de bekendste Indische heldendichten. Favoriet thema is de ongelukkige, onbeantwoorde liefde voor Krishna, die met zijn magisch fluitspel alle vrouwen betovert. De arme huismoeders willen nog maar één ding: van bil gaan in het struikgewas!

De volgende ochtend bezoeken we Jetty's lerares. Ze bewoont twee kamers op de benedenverdieping in een nieuwere wijk van de stad. De woonkamer is zogoed als leeg en doet dienst als dansvloer. De lerares is rond de zestig, heeft zwartomrande wallen, grijzende haren en draagt een grote bril. Ze zit op de tegelvloer. Voor haar ligt een vuilroze kussen met stoffen handvat waarvan de aanhechting al losgekomen is. Daarop, als een brok fondantchocolade, ligt het houten blok waarop ze gedecideerd slaat om de maat aan te geven. Tezelfdertijd zingt ze. Buiten Jetty zijn er nog vier leerlingen: twee piepjonge meisjes die uitgedost zijn als prinsessen, een iets ouder meisje en een jonge vrouw, die heel sensueel beweegt. De ventilator aan de zoldering zorgt ervoor dat de blaadjes van een kalender, het enige pronkstuk aan de muur, op en neer wapperen.

De leerlingen

Zo verloopt dus een privé-les in de oeroude danstraditie van Bharata, tijdens de naweeën van de moesson. Meer dan twee uur worden de dansbewegingen herhaald en zie ik amper een goedkeurende blik. De slagen op het houten blok kaatsen in quadrafonie van de kale wanden terug in mijn slakkenhuis. Blij ben ik, als de les voorbij is.

VOOR ELK WAT TEMPELS

Tamil Nadu is het land van de 1001 tempels. De ene al spectaculairder dan de andere, maar altijd met het grootste raffinement afgewerkt. Tempels aan Shiva gewijd, zijn de hoogste omdat ze een imitatie zijn van de heilige berg Kailash, die geldt als Shiva's verblijfplaats. Het zijn hoge, piramideachtige trappentorens – *gopurams* – die op mistige ochtenden tot in de hemel lijken te klimmen.

In Tirukkalikundram zijn de kitscherige kleuren er afgeregend en de witte *gopurams* schitteren, als uit ivoor gesneden. Rondom het tempelcomplex, buiten de omheiningsmuur, bevinden zich verschillende slangenheiligdommen. Nissen en afdakjes zijn gevuld met vijfkoppige cobra's, ingeduffelde godenbeelden, blauwbeschilderde slangen en zelfs een caduceus, die men met *gulal*, een rood poeder, heeft aangestipt. Deze staf van Mercurius met de twee ineengestrengelde slangen eromheen, werd bij ons het embleem van de geneeskunde, maar het is duidelijk waar de Romeinen – 'caduceus' is Latijn voor 'herdersstaf' – hun mosterd vandaan haalden.

Het beste uitzicht op Tirukkalikundram is vanaf de Vedagiriheuvel die met zijn 1525 meter voor een adembenemend panorama zorgt. Het is een lastige klim via honderden trappen (vijf keer de Leeuw van Waterloo, heb ik uitgerekend) naar de top, waarop een klein Shivaheiligdom genesteld ligt. Bijkomend probleem is dat we ons schoeisel beneden moeten achterlaten en ik blijkbaar over te weinig eelt beschik om de verhitte stenen de baas te kunnen. Ik lijk meer op een berggeit dan op een pelgrim. Maar het uitzicht loont echt de moeite. Elke dag 'stipt' om één uur landen twee arenden – de conciërge beneden had het over twee gieren – op de top, waar ze worden gevoederd. We zijn op tijd voor de afspraak en de 'voedstervader' zit klaar op de rots, onder een zwarte paraplu, maar de roofvogels hebben blijkbaar een dagje vrij. Na meer dan een uur wachten, begint iedereen ontgoocheld aan de afdaling. Ik word tweemaal tegengehouden door jonge vrouwen die willen dat ik hen aanraak. Ik geef hen drie kussen en giechelend bedanken ze me.

Uitzicht op het tempelcomplex

Namen als Tirukkalikundram komen veel voor in het Tamil, want – zoals in het Duits – vormt men lange samengestelde woorden. Wat dacht u van Gangaikondacholapuram? Door de Indiërs kortweg Gangai genoemd, werd het een van de vele halten die ik zou nemen tijdens mijn 'temple-hopping'. Tijdens de drie weken van mijn rondreis kreeg ik zoveel tempels te zien – elk dorp heeft er wel een – dat ik ze achteraf soms niet meer uit elkaar kon houden of de plaatsnaam kwijt was. Maar de herinnering aan wat ik voelde en meemaakte binnen de tempelmuren ligt ongeschonden in mijn hart. Het zijn verhalen van geuren, aanraking, inzicht, geroezemoes, mensen dicht opeen, déjà-vu's, kleuren en sensualiteit. Verplichte stop is Chidambaram, zo'n 300 kilometer ten zuiden van Madras. Het is één van de grootste tempelcomplexen van India, dat maar liefst 13 hectare beslaat. Aan de binnenzijden van de oostelijke poort zijn de 108 *karana*'s uitgehakt in graniet en links bovenaan, staan vier brahmaanse priesters afgebeeld, als symbool voor de ononderbroken lijn van priesterschap in deze tempel. Tot

Uitgehakte karana's

op de dag van vandaag worden hier vedische rituelen uitgevoerd, die onveranderd bleven gedurende 3000 jaar. Meteen achter de toegangspoort ligt Shiva's tempel met het Plein van de 1000 Pilaren. Ik heb ze niet geteld maar het leek me niet overdreven. Daarachter bevindt zich het Heilig Bassin, van waaruit je naar de tempel ter ere van Parvati, de gemalin van Shiva, kunt wandelen. Ook hun zoon Ganesha, de god met de olifantenkop, heeft zijn tempel maar dan moet je op een halfuur rekenen, gezien de uitgestrektheid. Het is een stad op zich met stadswijken, waar de mensen maar één ding aan hun hoofd hebben: rituelen uitvoeren, diensten houden – *puja*'s – en de huizen van de goden versieren. Jetty en ik laten ons zegenen onder een heilige mangoboom, nadat we eerst drie rondjes gelopen hebben. Hij is zo oud dat zijn takken moeten ondersteund worden. Het ritueel is exclusief voor vrouwen, want hij staat symbool voor de vruchtbaarheid. Nu maar hopen dat we niet het slachtoffer worden van een onbevlekte ontvangenis.

's Avonds gaan we opnieuw naar het tempelcomplex. Om onbekende reden is er nergens elektriciteit. Kaarslicht en een enkele petroleumlamp katapulteren het straatbeeld een paar eeuwen terug. Er zijn nu veel meer mensen op de been. Aan de voet van Shiva's tempel aarzelen we. In principe mag men als niet-hindoe niet zomaar binnenwandelen, toch niet zonder begeleiding. Iemand raakt zacht mijn linkerelleboog aan en vraagt of we soms naar binnen willen. Het is een brahmaans priester. Beter had niet gekund. Nog enigszins sprakeloos over deze meevaller lopen we hem achterna de trappen op. Massa's mensen lopen op en af. Mannen dragen de *dhoti*, het lendendoek dat tussen de benen omhoog geslagen, rond het middel gedragen wordt. De korte versie van de *dhoti* lijkt op een kingsize luier. Op de eerste etage aangekomen, moeten we linksaf naar een serie volgende trappen. Dit herhaalt zich nog drie keer en telkens worden de trappen smaller. Ondertussen gaat een wereld van lichaamsgeuren, wierook, bloemenparfums en warme vochtigheid langs en door mij heen. Met elke stap raak ik meer en meer in een andere bewustzijnstoestand. Doordat er zoveel menselijke activiteit rondom mij is, moet ik mij noodgedwongen afsluiten om niet weggespoeld te worden door de vele informatie die binnenkomt. De laatste trappen zijn afwisselend zwart en wit geschilderd, wat mijn geestesgesteldheid nog verscherpt. Ze zijn nu zo smal geworden dat er nauwelijks plaats is voor twee. Onze klimpartij eindigt bij een elegant dranghek dat na een vijftal minuten geopend wordt door een priester.

Eindelijk staan we in het 'heilige der heiligen', het hart van de tempel, de top van de Kailash. Een smalle kunstmatige doorgang tussen twee hekken markeert de ruimte waar we mogen gaan zitten. Het enige decorum bestaat uit een hoge nis die afgedekt is met een rood doek. Wat we hierna meemaken, is een vedisch ritueel van ongeveer een half uur dat mij met verstomming slaat. Ik krijg theater 'avant la lettre' te zien, een goddelijk schouwspel en eindelijk begrijp ik het verband tussen het Oud-Griekse 'théa' dat 'schouwspel' betekent en hetzelfde woord, maar met een ander accent, 'theà' dat 'godin' wil zeggen. Theater werd geboren toen de goden op Aarde rondliepen. Na hun vertrek namen beelden, gemaakt naar hun gelijkenis, hun plaats in.

Rechts van de afgedekte nis, is een vertrek zichtbaar waar priesters vuurtjes aanmaken op schalen. Bergen wierook worden gebrand. De priesters dragen een wit omslagdoek rond hun naakte lichaam, als een halflang rokje. Ze lijken zo uit bad gestapt. Het lange, ravenzwarte haar is samengebonden tot een knotje. Een ritueel snoer hangt op hun getaande borst. Sommigen zijn mollig, vrouwelijk. Ze doen me denken aan indiaanse mensen. (Had

Columbus dan toch Indië ontdekt?) De oudste van de brahmanen luidt een klokvormige bel. De speeltijd is over, de gelovigen rechten hun rug, het spektakel kan beginnen. Onder het reciteren van oude teksten worden kommetjes gevuld. Het rode gordijn wordt weggeschoven en de protagonist wordt zichtbaar: Shiva! Het prachtige, levensgrote beeld werd gegoten in een legering van vijf metalen en heeft een gouden kleur. De functie van de kommetjes wordt snel duidelijk. Een priester gaat met een eerste kommetje, trapje op, achter het beeld staan en ledigt het over Shiva's hoofd. Een melkachtige substantie vloeit over het gelaat, langs de linkerschouder verder over het lichaam naar beneden. Meteen wordt het rode gordijn weer dichtgetrokken. Kommetje nummer twee wordt gehaald en uitgeschud deze keer, want het bevat poeder van sandelhout. Het poeder blijft klitten aan de melk en een bleekbruin patroon vormt zich op dat perfecte mannenlichaam. Kommetje nummer drie is gevuld met yoghurt dat in klodders over het beeld schuift en kommetje nummer vier is rozenwater zodat alle smurrie afgespoeld wordt. Doordat het rode gordijn iedere keer opnieuw zowel open- als dichtgeschoven wordt, gaat het erg op een poppenkast lijken en wordt het hilarisch. Het ledigen van de kommetjes daarentegen is uitermate lijfelijk en sensueel. Na de reiniging met het rozenwater gaat er opeens een wit gordijn dicht. De bel wordt opnieuw geluid, heel lang deze keer. Er is geen priester meer te zien.

Een zenuwachtige spanning ontstaat bij de gelovigen alsof het belangrijkste nog komen moet, terwijl ik denk dat het afgelopen is. En dan verschijnt de oudste priester vanuit de 'coulissen'. Hij draagt een dienblad met daarop een tiara van puur goud, versierd met edelstenen. Hij komt de 'zaal' in, stapt tussen het 'publiek' door en presenteert de tiara. Met ontzag raken de mensen het schitterende voorwerp vluchtig aan. Even aarzelt hij bij mij maar ik veronderstel dat de uitdrukking op mijn gezicht boekdelen spreekt en hij stapt verder. (Ik ben niet het type dat in zwijm valt voor juwelen van welke aard dan ook en zeker niet als ze uit 'het slijk der aarde' gemaakt zijn). Op de 'scène' aangekomen, trekt een andere priester het witte gordijn open en samen plaatsen ze de kroon op Shiva's hoofd. Opdracht volbracht. Zowel het witte als het rode gordijn worden gesloten. Nu is het echt afgelopen.

Onwezenlijk daal ik alle trappen weer af, tot ik buiten sta op het tempelplein. De brahmaan die de hele tijd bij ons is gebleven, zegent ons nog met een gebed en een handoplegging en zegt daarna hoeveel hij betaald wil worden. Hier hebben ze tenslotte geen kerkfabriek of bisdom.

Er is nog steeds geen elektriciteit; zwijgend lopen we de weg terug. Wanneer ik op mijn hotelbed lig, bedenk ik dat de mens altijd al tempels gemaakt heeft. Tempels, in de breedste betekenis van het woord, namelijk een plaats of een constructie waar een diepere beleving van het goddelijke dat ons omringt en doordringt, mogelijk gemaakt wordt. Weg van de dagelijkse beslommeringen en geholpen door sacrale stilte, wonderlijke geuren, hallucinogene middelen, het halfduister of gewijde rituelen, zijn we in staat opnieuw contact te leggen met onze kern, die oude brave ziel die we verbannen hebben naar het souterrain van ons bewustzijn, terwijl we op de bel-etage pronken met onze oppervlakkige, statusgerichte verlangens.

Ik val moeizaam in slaap want van een 'klankpanne' is geen sprake. Het ritmisch reciteren van *mantra*'s en gebeden tijdens de *puja*'s gaat onverminderd verder. Het is hallucinant hoe tastbaar de religieuze activiteit hier is, dag en nacht. Het houdt gewoon nooit op.

DE ZEVENDE DAG

's Anderendaags vertel ik Jetty over mijn ervaring. 'Het is alsof een stuk van mijn DNA geactiveerd is geworden tijdens dat vedisch ritueel. Ik kan het niet anders omschrijven dan dat oude informatie naar boven werd gebracht. Ik keek naar iets totaal nieuws maar tezelfdertijd had ik het gevoel dit al eeuwen te kennen.'

'Ik zou graag met jou naar Kumbakonam gaan. Dat is een oude interessante plaats die vrij onbekend is. De tempel is heel boeiend.'

Zo gezegd, zo gedaan. Kumbakonam ligt een tachtig kilometer onder Chidambaram. Onze chauffeur legt een ware doodsverachting aan de dag want hij probeert de voor ons passerende auto voorbij te komen. Concreet wil dat zeggen dat er op een tweebaansweg vol met koeien, karren, bussen en personenwagens, drie (3!) auto's in dezelfde richting racen.We eisen dat hij het rustiger aan doet en bij het eerstvolgende tempeltje stopt hij om extra bescherming te vragen voor die twee bange vrouwen op de achterbank. Jetty vertelt me het verhaal van een chauffeur die, in volle Indische vaart natuurlijk, voor een koe uitweek en inreed op een afdak waaronder zeven mensen lagen te slapen. Resultaat: acht doden en een springlevende koe.

Het landschap raast opnieuw aan ons voorbij want de chauffeur is in zijn oude gewoonte hervallen. Het is zeven januari vandaag, 'my lucky day', dus maak ik me niet al te veel zorgen. Boeren hebben de geoogste rijsthalmen in stapels midden op de weg gegooid. Het verkeer zorgt voor het dorsen ervan. Strengen gekleurd katoen hangen aan stokken te drogen en vormen kleurrijke achtertuinen. Het doffe klakken van weefgetouwen is te horen wanneer we – eindelijk traag! – door de dorpen rijden. Spinnen en weven gebeurt binnenskamers en er staat geen leeftijd op. In kleine familiebedrijven worden miljoenen rupsdraden omgetoverd tot prachtige, zijden stoffen.

Elk dorp heeft zijn tempels langs de invalswegen gebouwd, als buffers tegen kwalijke energie, het 'boze oog'. Qua stijl zijn ze niet te vergelijken met de oude, klassieke tempels. Soms zijn ze ronduit lelijk omdat ze opgetrokken werden in beton, dat ofwel overschilderd is met schreeuwerige kleuren ofwel vuilgrijs verkleurd is door pollutie. Op zo'n plek laat ik de chauffeur stoppen omdat, ja, ik weet niet waarom. Een collectie betonnen paardjes op het dak had mijn aandacht getrokken. Een beetje

De zeven zusters

doelloos loop ik rond het kleine heiligdom, excuses mompelend tegen Jetty, me afvragend waarom ik hier in godsnaam wilde stoppen. Aan de achterkant groeit een mooie boom, die met kop en schouders uitsteekt boven het beton en wanneer mijn blik naar omlaag gaat, ontdek ik ze, aan de voet.

Netjes naast elkaar, als brave schoolmeisjes, zitten ze op een stenen bankje: de zeven zusters! Mijn hart bonkt in mijn keel: de Pleïaden in India!

Van kindsbeen af ben ik gefascineerd door dat ordeloze groepje jonge sterren, rechts van Orion. In de Griekse mythologie zijn het zeven zussen die, nadat ze neergedaald waren op Aarde, zo lastig gevallen werden door de mannen, dat ze hals over kop terugkeerden naar hun mistige cluster. Ook de indiaanse, Siberische en Polynesische volkeren kennen hen als zeven mooie vrouwen uit een ver sterrenstelsel. Hier achter die lelijke tempel, onder die mooie boom, zijn ze geflankeerd door twee wachters, aan beide zijden één. Orion en Perseus?

De ingekapselde tempeltoren

De tempeltorens van Kumbakonam zijn volledig ingekapseld met stellages van houten palen en rieten matten. Het is hallucinant om te zien en onwillekeurig moet ik denken aan torens ten tijde van de Merovingers. Ook hier zijn de elegante, vaak acrobatische danshoudingen, als granieten friezen te bewonderen. Op het gecementeerde binnenplein ligt de gedorste rijst te drogen. Iets verderop worden de rijstkorrels in jutezakken geschept en wachten platte, houten wagens, getrokken door koeien, op hun lading. Prachtig vind ik het, dat een gewijde plek ook aangewend wordt voor wereldlijke activiteiten wegens 'praktisch en handig'.

Voor 't eerst zie ik een zonnewagentempel. De tempel is gebouwd als replica van de goddelijke wagen van Surya, de zon, die elke dag langs de hemel rijdt. De wagen wordt getrokken door zeven paarden, die op 't einde van de dag uitgespannen worden zodat de nacht kan intreden. Reusachtige stenen wielen bevinden zich aan de zijkanten met elk twaalf spaken als symbool voor de twaalf uren van de dag. Onwillekeurig maak ik een associatie met de tarotkaart 'de zegewagen' en dat is kaart nummer zeven. De paar keer in mijn leven dat ik een tarotlegging liet uitvoeren waren er twee kaarten die alsmaar terugkeerden: 'de zegewagen' en 'de toren', die kaart nummer 16 is, 1+6 dus ook zeven.

Een priester haalt mij uit mijn cijferwereld en nodigt mij uit een rondje te lopen rond de slangenboom. Uiteraard is het een vruchtbaarheidsritueel maar aangezien er met mijn vruchtbaarheid niets

mis is, bedank ik hem vriendelijk. De bast van de tweestammige boom is in okergeel geschilderd met rode vegen, de tegels zijn bedekt met een melkachtige vloeistof. De priester beweert met stelligheid dat klokslag middernacht de slang, die nu nog slaapt onder een afdakje verderop, de melk zal komen oplikken. Dat doet ze elke nacht. Hij dringt alsnog

De slangenboom

aan om met mij een rondje te gaan. 'Je kan niet voorzichtig genoeg zijn', zeg ik en betaal hem zonder gebruik te maken van zijn diensten.

Deze tempel heeft zoo-allures want er is nog een hertje dat een ree blijkt te zijn en zich niet vertoont omdat het ziek is (dixit priester-oppasser) en een olifant die de mensen zegent. De zuilengalerij is op maat gemaakt voor dat imposante lijf. Hij raakt de mensen aan bij hun voorhoofd. Zijn slurf is superzacht maar een paar prikkende, stijve haren onderaan, kietelen. Ondertussen maken

vrouwen een reusachtig halssnoer van citroenen waarmee het beeld van een god omhangen zal worden. Eigenlijk is het een gebedssnoer, wat het hindoeïstisch symbool is voor de eeuwige kringloop van tijd en leven.

Onopvallend in een nis, vind ik Shiva in de gedaante van *Ardhanarishvara*. In dit lichaam zijn mannelijke en vrouwelijke energie met elkaar versmolten waardoor het kenmerken vertoont van beide seksen. De universele, goddelijke energie is per definitie vrouwelijk. Met het gevolg dat mannelijke goden en hun aardse afstammelingen statisch zijn en geestelijk incom-

Shiva als Ardhanarishvara

pleet zonder hun moeder-vrouw-zuster energie. Deze Shiva heeft één vrouwenborst, een wespentaille en ronde heupen maar onder zijn fraai gedrapeerd rokje is een piemel 'voelbaar'.

Ook hier komen we 's avonds terug wanneer de *puja*'s in volle gang zijn. Het vertrouwde geroezemoes van de *mantra*'s gonst rond mijn hoofd. Ik heb een koekje meegebracht voor vriend olifant. Een priester gidst ons een eerste galerij binnen. De forse, houten pilaren zijn overschilderd met rode en witte strepen, zoals op de buitenmuren van alle tempelcomplexen die ik totnogtoe zag. De kapitelen zijn groen en de zoldering is afwisselend okergeel en bruinrood. De volgende galerij is minder hoog en smaller. Tussen de zuilen staan houten beelden. De derde passage is vooral donkerder en de zoldering heeft al meer een huiskamerniveau. Het pad tussen de dubbele zuilenrij is flink geslonken. En zo gaat het maar door. Er lijkt geen eind te komen aan de gaanderijen, die ineenschrompelen bij elke stap.

Deze architecturale bewustzijnsvernauwing eindigt in het hart van de tempel dat volgens mijn perceptie van dat moment de grootte heeft van een lucifersdoosje. Het is er aardedonker. In de deuropening branden een paar olievuurtjes. Twee muzikanten zitten op de klamme grond. Hun gezichten zijn ingewreven met sandelhoutpoeder om er bleker uit te zien. Maskers van verkalkte geesten. Ze bespelen de *mridangam*, een tweezijdige trommel en de *nadhaswaram*, een soort klarinet met dubbel riet. Mijn westers denken implodeert bij deze geluidssterkte want de klarinet heeft een reikwijdte van acht kilometer. De priester plaatst de tiara, zoals in het Shivaritueel te Chidambaram maar in een proletarische versie zonder goud of edelstenen, op mijn hoofd. Heel even word ik Shiva, de goddelijke vonk in deze onderaardse baarmoeder.

Hoe ik terug in mijn hotelkamer geraakt ben, herinner ik me niet meer. Wel weet ik dat het kamernummer zeven was en dat er een totaal verkruimeld koekje in mijn binnenzak zat.

DANSEND IN DE TEMPEL

'Ik maakte gisteren een Egyptische inwijding mee', begroet ik Jetty 's ochtends. 'Hoewel de architectuur en de gebruikte materialen compleet anders zijn, vind ik het principe van eindeloze galerijen die versmallen naar de tempelkern toe, hetzelfde. Het enige wat er ontbrak, waren danseressen.'

'Die zijn er inderdaad niet meer.'

'Hoe komt dat?'

'Het is allemaal een beetje uit de hand gelopen... In oorsprong werden meisjes die later *devadasi* zouden worden – letterlijk betekent die titel "slavin van god" – niet alleen opgeleid in de Bharata Natyam-dansdiscipline, maar kregen ze ook onderricht in metafysica en bestudeerden ze de oude geschriften. Gaandeweg ging de oude kennis die ze bezaten, verloren en kwam het accent meer en meer te liggen op geldgewin. Ze waren "slavin van de priester" geworden die hen gebruikte om de kas van de tempel te spekken. Zo werden deze "goddelijke vrouwen" verkrijgbaar voor elke man en de danseressen zakten weg in een moeras van prostitutie. Dat was een doorn in het oog van de Engelse kolonisten.'

'Voor de puriteinse Engelsen moet het inderdaad "a pain in the ass" geweest zijn.'

'Maar het was ook heel erg. Het sacrale gegeven van de dans, het respect en ontzag waarmee men de *devadasi*'s behandelde, waren volledig zoek. De tempel leek meer op het portiek van een bordeel waar concurrerende prostituees elkaar de loef afstaken om zoveel mogelijk klanten binnen te rijven.'

'Jammer dat zo'n oude traditie, die toch in handen van vrouwen was, op die manier moet verdwijnen.'

'Sacrale prostitutie is een intrigerend fenomeen. Het kwam voor in ongeveer alle grote culturen. Hier in India, was het uitgegroeid tot een matriarchaal stelsel dat eeuwenlang actief was. Nu, waarom zijn die danseressen zich als hoeren gaan gedragen? Ze waren niet alleen verbonden aan de tempel, maar ook aan het hof. Het lag voor de hand dat ze de minnares werden van de koning, de maharadja. Die beschouwden het trouwens als een grote eer om een "goddelijke bruid" als bijzit te hebben. Ze onderhielden de danseressen en overlaadden hen met aardse rijkdom, juwelen en edelstenen. Toen de maharadja's, door toedoen van de Engelsen, hun macht verloren, waren de *devadasi*'s hun broodwinning kwijt. Noodgedwongen gingen ze op zoek naar andere inkomensbronnen.'

'Hoe moet ik me eigenlijk de oude tempeldans voorstellen?'

'Tweemaal per dag werd er gedanst. De eerste keer gebeurde dat 's middags op een binnenplein dat alleen gebruikt werd om te dansen en de tweede keer vond de sessie plaats in het hart van de tempel, bij de rituele opsmuk van het Shivabeeld, zoals we in Chidambaram meemaakten.'

'Waarom twee keer per dag?'

'Shiva nuttigt blijkbaar twee maaltijden per dag (lacht), één 's middags en één 's avonds. De *devadasi* danste uitsluitend voor de god, met haar gezicht naar hem gericht. De tempelgangers kregen alleen haar achterkant te zien.'

'Is 't daarom dat de danshoudingen frontaal zijn afgebeeld in de toegangspoorten van zowel Chidambaram als Kumbakonam, zodat de mensen ze toch te zien zouden krijgen?'

'Hm, interessant. Lijkt me inderdaad logisch.'

'Ik begrijp niet waarom het prostitutie genoemd wordt, sacraal weliswaar, maar toch prostitutie. Ik bedoel, een huwelijk met Shiva is niet meteen fysiek te noemen en als de maharadja je zag zitten, werd je zijn minnares. Dat beschouw ik wel nog altijd als monogamie.'

'Als *devadasi* bracht je het offer van je maagdelijkheid. Je schonk die aan de god, maar aangezien de priester als de vertegenwoordiger van de godheid op Aarde beschouwd werd, was het zijn taak om de *devadasi* te ontmaagden. Soms gebeurde dat met een voorwerp, soms door seksueel contact. Daarna was het mogelijk dat ze voor de rest van haar leven als "bruid van god" door 't leven ging en geen seksuele verbintenissen had. Dikwijls trouwde ze met de priester en soms ontspoorde het, drukten vorsten en edelen zijn spoor. Zij "onderhielden" haar, wat de tempel geen windeieren legde natuurlijk. Ze was een zeer begeerd wezen. Een seksuele relatie met haar, was goddelijk, de absolute top. Maar het woord "prostitutie" is inderdaad vanuit een patriarchaal wereldbeeld gegroeid.'

'Als mannen verscheidene vrouwen hebben, wordt het stijlvol "polygamie" genoemd, als vrouwen meer dan één man hebben, is het opeens prostitutie.'

'Je mag niet vergeten dat het binnen de sociale context van de hindoemaatschappij, een groot taboe was dat vrouwen konden lezen en schrijven. De *devadasi*'s waren zeer ontwikkelde vrouwen. Ze waren niet alleen de maîtresse van de vorst maar ook onderhoudende, mondige, intellectuele partners. Ze hadden uiteraard kinderen van verschillende vaders.'

'En daar wrong het schoentje?'

'Het leidde in elk geval tot een matriarchale lijn, waar mannen geen enkele vinger in de pap hadden.'

'Hoe komt het dan dat je in eerste instantie bij een dansleraar, een man, terechtkwam?'

'Oh maar, dansleraars zijn er altijd geweest. En zeker vanaf de jaren '30 toen men de draad van de Bharata Natyam weer probeerde op te pakken en de dans profaan werd. Vanaf dan wordt er op podia gedanst, is de tempelfunctie weggevallen en danst men frontaal naar het publiek.'

'Wat is met de muzikanten gebeurd die de *devadasi* begeleidden?'

'Die zijn gebleven. De muziekkennis wordt overgedragen van ouder op kind en is niet geslachtsgebonden. De muzikanten zijn het enige tastbare dat er nog is van die oude traditie.'

Hoe kan het ook anders: Nada Brahma. Nada de oerklank, Brahma de god van de schepping. God is klank. Alles is trilling.

FEEST!

Ondertussen is het 15 januari geworden en gaat overal in Tamil Nadu het Pongalfeest van start. Vedette is de koe. Gedurende een week wordt alle vee extra verzorgd. De dieren worden gewassen en opgesmukt met kralen, belletjes, kleurige linten en hun horens worden geverfd.

Opgesmukte koe

Bij een feest hoort een feestmaaltijd. Belangrijkste ingrediënten hiervoor zijn rijst, suikerriet en een aardewerken pot. De rijst wordt gezoet met het riet en in de pot gekookt tot deze, als een hoorn van overvloed, overkookt. De koe zal uiteindelijk de rijst te eten krijgen. Op elke dorpsmarkt worden de potten opeengestapeld tot piramiden en staan de lange rietstengels als vlaggenstokken bijeengebonden. De symboliek achter dit feest is nogal duidelijk: de pot als baarmoeder, voortbrengster van alle leven, terwijl het overkoken als teken van vruchtbaarheid, opbrengst en rijkdom van alle levensbronnen geldt. Krachtmetingen met loslopende stieren zijn er ook. Aan de horens worden geldbuidels bevestigd en jonge mannen gooien zich voor de dieren in de hoop het geld te bemachtigen.

Ook de huizen krijgen tijdens Pongal een speciale beurt. Vooral het voetpad of het stukje straat voor de ingang wordt verfraaid met *rangoli*'s, geometrische symmetrietekeningen. Etymologisch is het woord '*rangoli*' opgebouwd uit 'ranga' en 'oli' wat zoveel betekent als 'dat god aangenaam verrast moge zijn' of 'dat god zich moge verheugen'. Het motto van de hindoe is: 'begin de dag met een offerande'. Zo'n *rangoli* is ideaal voor de perfecte afstemming op de goddelijke trilling in en rondom ons. Hij moet voltooid zijn voor zonsopgang, dus ligt het voor de hand dat de vrouw hem aanbrengt. Nadat ze het huis heeft schoongemaakt, tekent ze de *rangoli* als de kroon op haar werk. Tevens brengt hij voorspoed en houdt hij het 'boze oog' buiten, vandaar dat hij voor de ingang geplaatst wordt.

Oorspronkelijk gebruikte men rijstmeel dat men door de vingers heen liet glippen. Aangezien rijstmeel geliefd is bij spinnen en andere beestjes, kwamen die het huis niet meer binnen op zoek naar voedsel. Tevens was het een uiting van respect voor de kleinste wezens. Geleidelijk aan werd het meel vervangen door verpulverde zeepsteen en zelfs door ordinair krijt. Men geeft nu steen, waar eigenlijk om brood gevraagd wordt.

Aan de ingang van kloosters werden de *rangoli*'s aangebracht met kamferpoeder. Kamfer rekende af met elk libido! Vroeger was er competitie in de dorpen wie de mooiste, ingewikkeldste tekening maakte. In oorsprong geel-wit van kleur hebben ze nu alle kleuren van het beschikbare krijt. Realistische motieven zoals de koe of de overkokende pot komen meer voor dan de prachtige, geometrische luspatronen van vroeger.

Ergens in een verloren dorp vind ik er een heel mooie. De perfecte geometrie raakt me diep. De trilling die ervan uitgaat is zo fijn. Kunst als sacraal gegeven. Een man van middelbare leeftijd met vriendelijke ogen komt nieuwsgierig bij me staan. 'You like this?'

'Oude' rangoli

'Yes, this is so perfect, so pure! Do you know anything about sacred geometry?'

'...'

'What is this pattern?'

'It's a *kolam*. It's made by a very old lady. The young ones don't know anymore how to make these ones.'

'So, this is an ancient pattern?'

'Yes, ancient. My mother still could make it, but my wife can't.'

'And your daughters?'

'They study in Delhi!'

Hij lacht om mijn laatste dwaze vraag, alsof ik de klok van zijn leven zou willen terugdraaien. Wat ik dus geleerd heb, is dat *kolam* een andere benaming voor deze tekeningen is en dat de oude patronen die uitmunten in zowel soberheid als complexiteit verloren gaan doordat de jonge generatie andere prioriteiten kent. In een flits zie ik deze religieuze kunstuiting evolueren tot een commercieel galerijgedoe zoals gebeurd is met de aboriginal kunst in Australië.

In elk dorp is het feest. Ergens tussen Darasuram en Suryanarkoil rijdt een praalwagen rond. Houten godenbeelden staan op een tafel, die men in een metalen laadbak geplaatst heeft, die voortgetrokken wordt door twee koeien. Ik herken de zonnegod, Surya, bedolven onder de bloemenkransen. Een oude man en een jongen zitten op de rand en houden een toorts brandend. De dorpelingen staan aan weerskanten van de straat te wachten. Ze hebben een *thali* in hun handen, een groot metalen bord waarop ze voedingswaren gelegd hebben. Een priester die voor de wagen uit loopt, overhandigt de *thali*'s met bananen, kokosnoten, rijst en een oliekommetje aan de oude man op de kar. Daar wordt het voedsel gezegend en het vuur doorgegeven door het oliekommetje in brand te steken met de toorts. Alles wordt netjes teruggegeven. Ondertussen bespelen twee muzikanten non-stop de tweezijdige trom en de schalmei. Ze lopen aan het hoofd van de stoet. Het valt me op hoe devoot de mensen zijn. Ze stralen geluk uit wanneer ze hun *thali* terugkrijgen. Een man streelt de hals van zijn bleke koe. Ze houdt haar hals zo

Vader en zoon

gestrekt mogelijk en geniet met haar ogen dicht. Een vader heeft zijn zoontje dat in een uniform is uitgedost, trots voor zich op de fiets gezet en kijkt naar de processie.

Tegen de avond zitten de bomen vol met vuurvliegjes, alsof ook de takken voor het feest zijn versierd. Wanneer we Suryanarkoil binnenrijden, vallen ze neer op onze auto. Tientallen kleine sterren, lichtende vonkjes die aan hun laatste reis naar beneden begonnen zijn, spatten uiteen op de voorruit.

Toeval of niet, maar de reden waarom we naar Suryanarkoil zijn gekomen, heeft te maken met sterren en planeten. De tempelsite heet Navagraha, wat 'de negen planeten' betekent. De Indiërs rekenen de maan en zelfs de zon bij de planeten. De zon, Ravi, is wel de hoogste in rang en haar schrijn ligt centraal. De veel kleinere schrijnen van de zeven planeten plus de maan, staan er in een kring omheen. Op zich is het een unicum dat een tempelcomplex integraal gewijd is aan een astronomisch gegeven. De ontstaansgeschiedenis van deze plek is heel grappig en menselijk.

Een heilig man, expert in zowel astronomie als astrologie – toen nog één wetenschap – kwam na bestudering van zijn horoscoop tot de onthutsende conclusie dat sommige planeten er nogal slecht in gepositioneerd stonden. Hij maakte nieuwe berekeningen en corrigeerde de planeetstanden. Maar daarmee was de kous niet af. Hij moest wel de goedkeuring krijgen van de Navagraha, dus begon hij te vasten en riep de planeten aan. Die wisten niet wat ze hoorden; nog nooit had iemand hen aangeroepen. Toen de heilige hen om de gunst vroeg van een betere horoscoop voor hemzelf en zijn nageslacht, stemden ze dan ook toe, zonder na te denken. Maar dat was buiten de waard gerekend. De Athi Deva's, de grote chefs van ons zonnestelsel, waren er niet over te spreken. Ze berispten de Navagraha en wezen hen op hun plaats; die van satellieten, handelend volgens de wetten van Shiva en die zeker niet bij machte waren om met gunsten te gooien. Ze werden gestraft en naar de planeet Aarde gezonden om er boete te doen als lepralijders. Hun schuldbesef was echter zo groot en hun smeekbeden waren zo talrijk dat de Athi Deva's zich uiteindelijk lieten vermurwen en zich tevredenstelden met een opgelegde vastenperiode en zuiveringsrituelen. De plek waar de Navagraha terechtkwamen om dit offer te volbrengen was ... Suryanarkoil.

Ik vind het bijzonder opwindend om, met beide voeten op de grond, interplanetaire wandelingen te maken van Venus naar Jupiter en via Saturnus terug naar Mars en Mercurius. Een priester leert me de namen van de Navagraha en hun relatie tot de dagen van de week. Het Sanskriet voor 'dag' is *'var'*, dus wordt 'zondag' *'ravivar'*. Venus is *Shukra*, dus is vrijdag *shukravar*. In 't Frans zijn de

Boeddha als Mercurius

verbanden tussen de weekdagen en de planeten duidelijker: vendredi en Venus, mercredi en Mercurius, mardi en Mars, jeudi en Jupiter. Donderdag is *guruvar*, want Jupiter is *Guru*, de grote leraar en woensdag is genoemd naar *Budha*, benaming voor Mercurius, dus *budhvar*. De priester spreekt het uit als 'boudoir'. Op het dak van dit schrijn zit inder-

daad een naakte boeddhafiguur. Saturnus is *Shani*, dus is zaterdag *shanivar*. De Aarde en Mars zouden ooit samen een grote planeet gevormd hebben maar werden gescheiden door een kosmisch cataclysme. Mars heet *Mangal*, dus *mangalvar* is dinsdag en maandag ten slotte is *somvar*.

Bij het verlaten van de tempel, zie ik een paar okergele houten voetjes, enkels incluis, op de stoep staan. De priester legt me uit dat dit het teken is dat de goeroe, de meester, niet thuis is. De voetjes geven 'acte de présence' en de mensen kunnen hun giften en vragen daar deponeren.

'Jupiter is op de lappen', denk ik.

DE DEVADASI EN DE PRINS

We reizen verder zuidwaarts door vruchtbare vlakten met teer-groene rijstaanplantingen. Opnieuw moeten we de chauffeur aan-manen om het wat rustiger aan te doen. 'Chanka kalam' gillen we op de achterbank, in een poging toch nog wat humor in deze levens-bedreigende situatie te brengen. 'Chanka kalam' is een muzikale term die gebruikt wordt om een traag tempo aan te geven, modera-to dus. Gelukkig hebben we maar veertig kilometer voor de boeg met als einddoel de stad Thanjavur.

Jetty vertelt me het ongelofelijke verhaal van een oude prins, afstammeling van de laatste maharadja, die daar nog in de ruïnes van zijn paleis zou wonen. Zijn bijzit, de laatste *devadasi* van Than-javur, is ook nog in leven. Ik kan het amper geloven. Deze termina-le liefdesaffaire lijkt me zo overgeschreven uit de epiloog van een populair heldendrama. Jetty houdt voet bij stuk; ik ben verplicht haar aan een kruisverhoor te onderwerpen. 'Wat ging je eigenlijk zoeken in Thanjavur?'

'De bibliotheek van Thanjavur is gerenommeerd en ik ben op een zondag toen ik geen les had (in Madras) met de trein naar hier gereisd, in de hoop een paar manuscripten te fotograferen. Toen bleek dat ik niets mocht fotograferen, heb ik me een beetje boos gemaakt (lacht) en er kwam een man op me toe die mij, om me te sussen waarschijnlijk, een voorstel deed. Hij zou me introduceren bij iemand die boeken had geschreven en vertaald. Ik ben dan maar meegegaan; mijn reis was toch verknoeid.'

'En die iemand was de oude prins?'

'Inderdaad, achterkleinzoon van de laatste maharadja, Serfoji II. Door hem ben ik ontzettend veel te weten gekomen en heb ik een andere kijk gekregen op de tempeldans.'

'En de oude *devadasi*?'

'Die heb ik door hem leren kennen. Ik had me al een paar jaar afgevraagd of er toch nergens meer iets overbleef van die familie-traditie van *devadasi*'s. En ik wist, als het nog bestond, dat het hier in 't zuiden te vinden zou zijn. In Madras hadden ze me verzekerd dat hier niets was.'

'Opportunisme, superioriteitsgevoel?'

'Allebei, waarschijnlijk.(lacht) Het zijn twee totaal verschillende stijlen die, wat mij betreft, allebei hun charme hebben. In Madras werd de dans, die toch verdwenen was, nieuw leven ingeblazen door de brahmaanse kaste. Mijn lerares daar is een brahmaanse en typisch is dat haar blik eerder devoot, neergeslagen zal zijn, dat de mimiek tot een minimum is herleid en dat het kernwoord voor haar hele gedrag 'bescheidenheid' is. Hier in 't zuiden, is de expressie veel levendiger, ongegeneerd, grappiger. Het allereerste wat mij opviel, was dat er zoveel gelachen werd. Ze zaten op de grond en sloegen zich op de dijen van 't lachen.'

'Ook de oude *devadasi?*'

'Oh ja. Doordat ze zo oud is, beweegt ze bij het dansen haar lichaam bijna niet meer, maar haar gezichtsexpressie is nog altijd sterk aanwezig. Ik heb wel les bij haar dochter gevolgd, die de soepelheid nog bezit en een zéér, maar dan ook zéér expliciete mimiek heeft. Maar zij heeft dus nooit in de tempel of in het paleis gedanst.'

'Was Thanjavur een belangrijk centrum?'

'Absoluut. In de tempel dansten vierhonderd danseressen! Kan je je dat voorstellen? Hier waren het de maharadja's die de dans opnieuw introduceerden. Het waren intellectuelen en kunstliefhebbers. Door de invasies in 't noorden van India, was het kruim van de Dravidische maatschappij hiernaartoe gevlucht. Het isolement dat ontstond doordat ze hier ongemoeid werden gelaten, droeg ook bij tot een cultureel hoogtepunt. Ik ben ervan overtuigd dat, indien de Engelsen wat minder op macht waren uit geweest, de maharadja's er nu nog altijd zouden zijn. Maar ja, dan waren misschien de communisten binnengevallen.'

'En dan stond het hier nu vol fabrieken in plaats van tempels!'

In de verte torenen de *gopurams* van de tempel hoog en uitdagend boven het landschap uit.

Moeder en dochter *devadasi* wonen samen in een klein, ordelijk huis met turkooisgeschilderde gevel. Naast de voordeur hangt een naambord met de naam van de echtgenoot van de dochter. In huis staan een lange tafel, een paar stoelen en een sofa, waar duidelijk op geslapen wordt. Het meest in het oog springende voorwerp bevindt zich op de commode: een ingelijste zwart-witfoto van de *devadasi* in haar glorietijd. Onbewust had ik een Mata Hari-achtig portret verwacht, maar dit lijkt meer op een serieuze studente, streng kijkend vanachter haar brilletje. In niets is de oude vrouw die zacht schuifelend rondloopt, met het spierwitte haar, het magere, hoekige gelaat en de bloeddoorlopen ogen, nog herkenbaar. Behalve haar kaarsrechte houding misschien en haar mooie *sari* van paarse, met gouddraad afgebiesde zijde.

De kleindochter wordt erbij gehaald die twee straten verder woont en zanglerares is in de muziekschool. Uiteindelijk zullen deze drie vrouwen een optreden ten beste geven in het voorportaal

Drie generaties

van hun huis, gewoon om ons te plezieren. Heel even is er paniek want er zijn geen jasmijnbloemen om te offeren en een markt of een tempel met kraampjes is niet in de buurt. Dan maar beginnen zonder bloemenoffer. Heel geconcentreerd en met echt rijstmeel, maakt de *devadasi* prachtige *rangoli*'s van de oude stempel. Ze begint met een vrij grote, pal voor de ingang en ik denk 'dat is zij', dan links ervan een kleinere, 'dat is haar dochter' en eenzelfde kleinere rechts, 'dat is de kleindochter'. Tijdens het dansen zullen de rijstlijnen beetje bij beetje uitgewist worden. De kleindochter danst niet maar kent wel alle gezangen uit het hoofd. Zij zorgt dus voor de muzikale achtergrond.

Eerst danst de oude *devadasi*, hoewel van dansen geen sprake meer is; haar armbewegingen zijn voorzichtig en afgemeten maar

De dochter van de oude devadasi

haar gelaatsuitdrukking is wel sterk aanwezig. Ronduit ontwapenend is haar glimlach waarbij twee glinsterende voortanden te voorschijn komen. Haar dochter heeft dezelfde tanden geërfd en beschikt voor de rest over een absoluut komisch talent. Ze kan zo tussen de Marx Brothers gaan staan. Ik weet niet goed of ik vrijuit kan lachen want de inhoud van het verhaal ken ik niet. De oude grootmoeder is vrij snel op de bank gaan zitten en laat de eer aan haar dochter. Heel even was er het onvergetelijke moment dat beiden dansten, tegenover elkaar. Ze bewogen in spiegelbeeld met een verschillende lichaamstaal ondanks de identieke armbewegingen maar hun gezichtsuitdrukking was dezelfde.

Na afloop vraag ik aan de kleindochter of ze later haar dochter nog de gezangen zal aanleren of zal ook dat verloren gaan? Na een lange denkpauze antwoordt ze heel oprecht dat ze 't niet weet. Jetty en ik wandelen naar het stadscentrum waar renovaties aan de gang zijn van de oude gebouwen. We passeren langs de Sarasvati Mahal Library, de bibliotheek waar Jetty niets mocht fotograferen. Er staan een hoop mensen bij de ingang, maar dat heeft te maken met het bezoek van een politica, morgen. Er hangt een spandoek, maar ik ben niet in staat Tamil te lezen. Zijn ze voor of tegen haar? Een voorbijganger lost mijn probleem op. Voor natuurlijk. Ze heet Jayalalitha, maar iedereen noemt haar *Amma*, moeder. Thanjavur bereidt zich voor op het grote feest van morgen. We kopen een verfrissing en rusten uit op het plein. Ik evalueer: 'Ik vind het ongelofelijk wat ik daarnet heb meegemaakt. Drie fantastische vrouwen, drie generaties geven buiten voor hun huis een demonstratie – wat een oneerbiedig woord is – van een duizenden jaren oude traditie of wat er nog van overblijft. En ik zit daar, in 't midden van de straat en ik zie, ja, wat zie ik ... kinderlijke oprechtheid. Ik vind deze dansstijl veel interessanter dan wat ik in Madras heb gezien. Dit is tastbaarder, menselijker en met zo'n gevoel voor humor!'

'Dat is inderdaad het verschil in stijl. Het hangt van je temperament af welke je verkiest (lacht).'

'De *devadasi* heeft een enorme présence. Wat een kracht in dat graatmagere lijf!'

'Ze moet als *devadasi* belangrijk geweest zijn want ze krijgt een pensioen van 100 *roepies* (twee en een halve euro) per maand, wat toch wel iets betekent hier. Het moet dramatisch geweest zijn hoe deze familie in zeer korte tijd verarmde toen de steun van de prinsmaharadja wegviel.'

We zijn in een brede straat beland waar imposante, doch duidelijk verwaarloosde gebouwen staan: het voormalige paleis van de

Het paleis van de maharadja

voormalige maharadja. Vanaf onze eerste stap binnen de paleismuren, zal alles zich afspelen in de 'voormalige tijd'. Het is een hallucinante lokatie, half in puin, half gerestaureerd. Dichtgemetselde ramen en ingestorte façades zijn overwoekerd door klimbloemen. Beschadigde interieurs die in de open lucht liggen, worden afgewisseld met keurig gerenoveerde toegangspoorten. De conciërge, een nakomeling van een van de vroegere bedienden van de maharadja, woont aan een mooie binnenplaats. Jetty informeert of de oude prins ons kan ontvangen. Geen enkel probleem, want hij ligt toch in bed, is van een trapje gevallen een paar dagen geleden. Ik houd mijn hart al vast om de 'voormalige tijd' in totale aftakeling tussen de gescheurde restanten van een versleten hemelbed te zien liggen.

Via een gangenstelsel waar geen logica in zit – we lopen van het ene gebouw in het andere omdat er geen tussenmuren meer zijn – bereiken we een donker vertrek van drie op vijf meter. Een peertje van 60 watt verlicht een divanbed dat centraal in de kamer staat en waarop zich een lieve, uitgemergelde man bevindt. Zowel zijn haar als zijn baard zijn sneeuwwit en kortgeknipt. Mijn hart krimpt ineen. Naast het bed hangt een miniatuurversie van een kristallen luchter en op de grond, op een dikke lap stof, staat een bureaulamp. De muren hangen vol met ingelijste foto's en geschilderde portretten. Ik herken Serfoji II, de Laatste der Maharadja's. Her en der liggen stapels boeken. Het grote doek met een meisje op een schommel lijkt de loodzware herinneringen weg te wuiven. Een voorwerp waar je niet naast kan kijken door zijn afmetingen, is een pistachegroene Singer ventilator, bouwjaar 1881. Jetty helpt de oude man rechtop te gaan zitten en wanneer hij mijn interesse ziet voor het vierkantige Singer onding, murmelt hij dat het fel begeerd wordt door diverse musea. Bijna onmerkbaar haalt hij zijn schouders op en laat Jetty op de knop drukken om te bewijzen dat de ventilator het na 115 jaar nog steeds doet.

Hij praat erg moeilijk. Jetty is zo vriendelijk alles wat hij zegt, luidop te herhalen voor mij. Twee weken geleden is hij gevallen en hij neemt verdoving voor de pijn. De dokter komt elke morgen langs. Doordat hij al die tijd in bed ligt, is hij met zijn vertaalwerk niet kunnen doorgaan. Hij vertaalt boeken van wat ooit de paleisbibliotheek was, uit het Sanskriet naar het Tamil: poëzie, theoretische werken over de tempeldans, vegetarische kookboeken. En dan begint hij te vertellen over vroeger. Er waren drie keukens in het paleis. De paarden hadden hun stallen binnen de muren. Op een dag kwam de Russische ballerina, Anna Pavlova, dansen in het paleis. Zijn moeder zong voortreffelijk en bespeelde de *veena*, een vijfsnarig instrument. Hij wijst naar een foto aan de muur: zijn trouwfoto. Hij trouwde op zeer jonge leeftijd en zijn vrouw was een begaafde danseres. Iedereen in zijn familie was bezig met dans, muziek, schilderkunst en er werd geprobeerd om eeuwenoude tradities levend te houden. En nu dus, betrekt hij één kamer van een paleis dat voor 70 procent in ruïne ligt.

Portret van Serfoji II

We schudden het enige kussen op, halen water en Jetty stopt hem een paar bankbiljetten toe, die hij zonder morrelen aanvaardt. Hij wil mij per se een boek meegeven. Het wordt een beduimeld werkje in 't Engels over de geschreven composities voor een Bharata Natyam-recital van de hand van Serfoji II zelve. Het boekje is opgefleurd met zwart-witfoto's van een mooie danseres die het recital uitvoerde in 1980. Ik kom heel wat te weten, want het tekstgedeelte is behoorlijk uitgebreid. Serfoji II stierf op 8 maart 1832. Hij kende alle inlandse talen en daarbovenop ook nog eens Engels, Duits en Frans. Zijn grootste liefde ging uit naar muziek, dans, drama en geneeskunde. Hij stichtte ontelbare scholen waar deze 'wetenschappen' gedoceerd werden. Hij was niet eens een echt prinsenkind maar werd geadopteerd door koning Tulajendra. Een bisschop uit die tijd beschrijft hem als volgt: *'To give the portrait of Maharaja Serfoji, I should tell you that he is a strong built and very handsome middle aged man with eyes and nose like a fine hawk and very bushy gray musta-chios, generally splendidly dressed but with no effiminacy of ornaments and looking and talking more like a favourite specimen of a French General Officer than any other object of comparison that occurs to me.'*

Zijn achterkleinzoon, gekleed in een wit onderhemd en een omslagdoek, wil een dedicatie in het boek schrijven, maar heeft er de kracht niet meer voor. Hij dicteert mij 'with the best compliments of' en signeert: Krishnasami Raje Mahadir.

We staan terug in de bloemrijke tuin van de conciërge. Achter de paleismuren raast het stadsverkeer. Er zit een klem rond mijn maag. 'Ik ben sprakeloos. Bekommert zijn familie zich niet om hem? Of heeft hij geen kinderen?'

'Jawel, maar die wonen in Bombay. De jonge Indiërs gaan studeren in 't buitenland en na hun studies zien ze 't niet zitten om naar zo'n provinciestad als Thanjavur, terug te keren.'

'Ik word altijd melancholisch als ik een speelse, briljante geest in zo'n problematisch oud geworden lichaam zie. Zijn armzalige, oude dag buiten beschouwing gelaten, levert hij een gevecht tegen de klok, in zijn poging nog zoveel mogelijk werken te vertalen uit de bibliotheek.'

'Het is vooral een gevecht tegen het klimaat. Tijdens de moesson is het zo vochtig dat alles uiteenvalt. En dan zwijg ik nog over de termieten die verlekkerd zijn op dat oude papier.'

'Oh nee!'

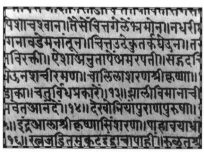

Sanskriet

'Serfoji's grootste passie was de Sarasvati Mahal bibliotheek. Hij verzamelde zeldzame boeken en manuscripten. Als het nodig was, verkocht hij zelfs juwelen en diamanten om zijn collectie te kunnen uitbreiden. Zijn uiteindelijke bedoeling was om onderzoekers uit de hele wereld – zeker kenners van het Sanskriet – naar hier te lokken om de manuscripten te bestuderen.'

'Maar die zijn ondertussen tot schimmelstof verpulverd.'

'Neen, dat is het niet. Doordat men zo afwijzend staat tegenover vreemdelingen, is er geen enkele opening naar buitenlandse universiteiten toe. Niemand weet precies wat deze bibliotheek bevat. Er ligt hier een ongeopende schat, maar inmenging van buitenaf wordt dus niet getolereerd.'

In stilte verlaten we het paleis en lopen naar de grote weg, waarlangs we de stad zijn binnengekomen. Grote bamboeconstructies worden opgericht en de kartonnen beeltenis van politica Jayalalitha in rode jurk met witte noppen, wordt eraan vastgetimmerd. Massa's mensen stromen het treinstation uit. Ze zullen de nacht hier doorbrengen om haar morgen te kunnen begroeten. Ik ben blij dat we vanavond nog vertrekken. Jetty krijgt een inval. 'Als 't je interesseert, ik ken een antiquair, iets verderop, die veel spullen heeft uit het paleis.'

'Oh nee!'

Ja, dus. De antiquair blijkt behoorlijk wat in huis te hebben. Hij zegt er meteen bij of iets uit het paleis komt of niet. Alles gaat door mijn handen: vijf houten poppen, waarvan er één nog haar jurkje aan

Krishna

heeft – *'speelgoed voor de kinderen van het paleis!'* –, een geschilderd portret van Serfoji II – *'uit het paleis!'* –, een portret van Krishna, afgebeeld als mollige cupido – *'zijn eerste liefdesdaad verrichtte hij toen hij 11 jaar oud was!'* –, een wandelstok met ivoren hondenkop – *'komt uit het paleis!'* –, Tamilmanuscripten geschreven op palmbladeren met het pennenmesje erbij dat de bladeren schoonschraapte en de teksten erin kraste, een koperen *tantra*-plaat, sabels, stenen olifanten, meubilair... In een hoek ontdek ik een stapel manuscripten in het Sanskriet. Het geschrift is kalligrafisch. De antiquair komt naast me staan: *'Allemaal uit Serfoji's bibliotheek!'*.

Ik slik en koop alle manuscripten, ook de poppen, de vroegrijpe Krishna en de koperen plaat. Voor 150 euro heb ik een miniverzameling verworven uit het voormalige paleis van Serfoji Maharaj II van Thanjavur.

VISIOEN ONDER DE KLAMBOE

Mamallapuram, voluit Mahaballipuram, is een kustdorp, 58 kilometer onder Madras. Hier bevindt zich het grootste bas-reliëf ter wereld. Twee enorme granieten rotsblokken van 27 meter lang en 8 meter hoog vormen de basis voor de actiefste rotsfries die ik ken. Een rechte lijn is nergens te bespeuren. Alle taferelen zijn golvend en krullend in beeld gebracht in één dolle kosmische beweging. Het geheel lijkt op een gestrande walvis die mettertijd versteende. Er werd gebruikgemaakt van aanwezige lijnen en breuken in 't gesteente. Zo werd de verticale spleet tussen beide rotsblokken slim aangewend als de loop van de Ganges, van de Himalaya tot de Golf van Bengalen, 2500 kilometer verder.

Centraal onderaan staat Ananta, de oerslang, rechtop. Haar biotoop bevindt zich in de Kosmische Oceaan, van waaruit twee slangengoden, *Naga*'s, omhooggestuwd worden als door een geboortekanaal. Deze mythische wezens, een mannelijk en een vrouwelijk exemplaar, bewaken de heilige rivier. Tot op de dag van vandaag wordt de as van overledenen in de Ganges uitgestrooid opdat de ziel stroomafwaarts haar weg zou terugvinden naar de herrijzenis in een nieuw mensenlichaam.

Het grootste bas-reliëf ter wereld

Rechts domineren twee olifanten het tableau dat voor de rest uit een ogenschijnlijk chaotisch, druk bezaaid pantheon bestaat van vliegende goden, asceten en tal van dieren. De goden lijken in zwevende galop, per twee als koppel of op rij als groep. Gewichtsloos, gelukzalig als donsveertjes, drijven ze voorbij aan de verbeelding van mijn zinnenminnend oog, als dansers en danseressen uit een Franse musicalrevue. Iets verder weg, op een heuvelnaad, ligt een enorm granieten blok, als een verloren gegooide dobbelsteen van de goden.

Ook de acht kleine tempels die de site nog meer cachet geven, zijn monolieten, gekapt uit rotsblokken die op het strand lagen. Het

Durga's tempeltje

Rotsgalerij

tempeltje van Durga, Shiva's gemalin, is de eenvoud zelve. Het is de versteende versie van een inlandse hut met rieten dak. De andere tempels zijn replica's van gigantische schrijnen die tijdens processies op platte karren met enorme wielen worden voortgetrokken. Vroeger gooide men zich voor die wielen om te ontsnappen aan de kringloop van reïncarnaties. Sterven onder het wiel om aan het rad van opeenvolgende levens te ontkomen. Logisch toch?

De schrijntempels worden afgewisseld met galerijen, tien in totaal. De bewerking van het rotsgesteente overvleugelt de architectuur. Dat is anders bij de twee strandtempels, die de moesson en de slagen van de Bengaalse Golf hebben overleefd. Oorspronkelijk waren het er zeven, maar vijf bevinden zich nu onder water. Ze werden op de klassieke manier opgetrokken met aangevoerd materiaal. Zeer bekoorlijk uitgevoerd maar toch gemaniëreerder, grootser.

Jetty en ik lopen blootsvoets over het bleke zand in de richting van – aan het geluid te horen – een groep steenkappers. Dwerggeitjes spelen tussen de zuilen van de galerijen. En (ik kan het niet laten) ik steek weer van wal. 'Dit is nu toch echt een schoolvoorbeeld van het verschil tussen vrouwelijke en mannelijke beleving van creativiteit. De vrouwelijke benadering is vertrekken van wat er aanwezig is in de natuur – in dit geval een granieten rotsblok op het strand – en het geheel verfraaien door er een artistieke dimensie aan toe te voegen. Op die manier wordt een krachtplek behouden in zijn totaliteit. De mannelijke energie daarentegen zal opteren voor een artificiële constructie, uit eenzelfde natuurlijk materiaal weliswaar, maar het eindresultaat is toch alleen maar dat kunstmatige bouwsel.'

'Volgens de Indische traditie moet kunst de uitdrukking zijn van de goddelijke wereld in de materiële dimensie. Elke kunstenaar is de oprechte, betrouwbare schakel tussen die hogere wereld en onze tastbaarheid.'

'Dan hangt het waarschijnlijk van het geslacht van de goden af hoe de goddelijke print hier tot expressie gebracht wordt!'

'Voor de oude Indiër is kunst als *yoga*, een staat van harmonie en schoonheid, die zich manifesteert in alle omstandigheden.'

'Ja, oké. Maar het lijkt me energetisch toch veel sterker om van een krachtplek te vertrekken en de natuurlijke vormen ervan te benutten om tot een sacraal bouwwerk te komen. Dat is zoiets als energie in 't kwadraat.'

'Wat jij bedoelt, is het verschil tussen sjamanisme en religie. Er zijn nog veel sjamanistische plekken, natuurmonumenten in India. Qua architectuur werd er zogoed als niets aan toegevoegd en toch zijn het heiligdommen: onderaardse gewelven, *garbhargha* genoemd, Sanskriet voor "baarmoederholte", of prehistorische megalieten, overschilderd met rode oker, ter ere van de Grote Moeder.'

'India als geheel wordt "Moeder India" genoemd, niet?'

'Ja, India is ongeveer het enige land ter wereld waar de Godin in al haar aspecten nog wordt vereerd. En dat al meer dan vijfduizend jaar.'

'Godin, dat is eigenlijk "God-in", de God in alles. Dus niet "God met ons" maar "God in ons". Dat is opeens een totaal ander wereldbeeld, hé? Het goddelijke situeert zich niet meer buiten ons, het zit in ons! De oude man met de lange baard kan eindelijk met pensioen! Halleluja!'

Ik ben helemaal op dreef nu, ben niet meer te stuiten. De zinnen rollen over het strand. 'Dat impliceert dat we zelf goden zijn of goden in wording. Maar ook dat we zelf verantwoordelijk zijn voor wat we met ons leven uitrichten. We staan er helemaal alleen voor, dus totale vrijheid. Daarom heb ik zo'n boon voor Shiva. Hij vertrapt de dwerg van de illusies met zijn rechtervoet. Hij vernietigt het zelfbedrog waarmee de mensheid zichzelf heeft ingesponnen en waardoor ze "klein" blijft. Gedaan met de schuld af te schuiven op onze omgeving of te wachten op goddelijke tussenkomsten. Exit zelfmedelijden, exit godsdienst.'

Jetty repliceert onverstoorbaar: 'Het onderkennen van Shakti, het vrouwelijke oerprincipe, is zeer belangrijk. Het Universum wordt voorgesteld als de Grote Godin, de Kosmische Vrouw. Binnen haar lichaam bevinden zich de drie grote mannelijke goden. Brahma, de Schepper situeert zich ter hoogte van haar vagina, Vishnoe, de Behouder, woont in haar hart en Shiva, de Vernietiger, zit in haar hoofd. Deze drie-eenheid is uit haar voortgekomen. Uit haar is alles voortgekomen en dat maakt dat alles doordrongen is van Shakti, zowel mannen als vrouwen.'

'Elke foetus is initieel vrouwelijk, dus is alle begin inderdaad Shakti.'

'Dat is zo fantastisch aan India. Het goddelijke, vrouwelijke beginsel dat zich hier manifesteert, wordt onderkend en vereerd. Wat niet wegneemt dat de positie van de vrouw ronduit erbarmelijk is.'

'Aha, daar zijn we terug bij de put uit het ganzenbordspel: het patriarchaat!'

'Ja, de oude man met de lange baard (lacht).'

Gniffelend zijn we bij de steenkappers aangekomen en ik apprecieer het meer dan ooit dat hun voorkeur uitgaat naar het maken van rondborstige godinnenbeelden. Ze werken volgens traditie en behoren tot families die al generaties lang deze heilige taak zijn toegewijd. Jetty verduidelijkt: 'Net zoals de muzikanten waren ook zij verbonden aan de tempel. Ze behoren tot dezelfde kaste.'

'Ja, hoe zit dat nu met die kasten?'

'Tijdens het vedische tijdperk waren er vier standen, *varna*'s, gebaseerd op beroep en huidskleur. *Varna* is Sanskriet voor "kleur". Bovenaan had je de brahmanen, de priesters en de leermeesters met een blanke huid. Herinner je je die vrouwen in Tirukkalikundram die jou, tijdens onze afdaling, wilden aanraken? Dat kwam door je bleke gelaatskleur en je blonde haar. Door iemand met het uiterlijk van de hoogste kaste aan te raken, hopen ze dat ze bij hun volgende incarnatie, tot een hogere kaste zullen behoren.'

'Een soort upgrading van de ziel?'

'Ja. Onder de brahmanen stonden de *kshatriya*'s, koningen en krijgers. Zij worden blauw afgebeeld.'

'Blauw bloed!'

'Daaronder leefden de *vaishya*'s, kooplui en geschoolden en helemaal onderaan had je de *shudra*'s, ambachtslui, knechten en boeren. Deze laatsten waren donker, zwart van huid. De *vaishya*'s waren rood.'

'Het zijn natuurlijk de brahmanen die het hele systeem, waar zij bovenaan pronken, uitgevonden hebben?'

'Het patriarchaat is India binnengeslopen met de komst van de Ariërs. De *tantra*-leer met zijn accent op de vrouwelijke seksualiteit, was het voertuig bij uitstek van het matriarchaat om tot "bevrijding" te komen. Na de Arische invasie werd de Godin in al haar aspecten vervangen door een leer waarbij het man-zijn en het kasteniveau de toelatingsvoorwaarden vormden. Het groeide uit tot een chaotisch, onoverzichtelijk geheel – zeker voor een buitenstaander – van duizenden kasten.'

'Wat is in godsnaam het nut van zo'n systeem, buiten controle?'

'In oorsprong was het een logische indeling van een maatschappij en hadden de vier *varna*'s een gelijkwaardigheid in bestaan. Als zoon of dochter van een muzikant ligt het voor de hand dat je later ook de muzikale richting zal uitgaan en als koningszoon is het toch de bedoeling dat je ooit koning wordt.'

'Geen kopzorgen meer in verband met beroepskeuze!'

'De basis ligt in het eeuwenoude begrip *dharma*, de kosmische wet van voorgeschreven plichten opdat het heelal in al zijn onderdelen optimaal en in harmonie zou blijven functioneren. De natuur voldoet aan zijn *dharma* door de seizoenen op elkaar te laten volgen. Zo moet de mens strikt de regels toepassen van de groep, de kaste, waartoe hij behoort. Als iedereen dat doet, loopt alles gesmeerd. Alleen is dit "ideale" systeem ontaard en werden er een heleboel taboes gecreëerd.'

'En de "onaanraakbaren"; waar passen die in?'

'In oorsprong bestond die groep niet. De slaven, *dasa*'s, moesten het werk doen dat niemand anders wou doen omdat het 'onrein' was. Nu, wat is "onrein"? Alles wat te maken heeft met bloed, uitwerpselen, dode beesten en lijken.'

'Ik denk nu hardop: het vilbeluik, slagers (zeker als ze bloedworsten maken), Madame Pipi, begrafenisondernemers, ambulanciers...'

'Niet echt (lacht). Wel vroedvrouwen, mensen die de was deden – er kon weleens een bloedvlek op het laken zitten – leerbewerkers, straatruimers en lijkverbranders. Zij vielen buiten het kastesysteem, waren kasteloos.'

't Vuil van de straat?'

'Minder waard dan een hond, inderdaad. Ze mochten bijvoorbeeld niet de openbare weg gebruiken.'

'Wat roert daar in het struikgewas? Een paria!'

'Officieel bestaat deze groep niet meer. Ik ken persoonlijk veel Indiërs die het hele systeem willen zien verdwijnen, maar de meerderheid wil van geen verandering weten. Ze beweren dat hun hele maatschappij in elkaar zou storten; dat er interne conflicten zouden ontstaan. Maar er is wel een evolutie. Zo vormen de keuzen van onderwijs of beroep wettelijk geen probleem meer. Alleen bij huwelijk en politiek wordt er vastgehouden aan de kasteafkomst.

'Dus iemand uit een lagere kaste kan zich niet opwerken tot politicus?'

'Moeilijk. En als het hem toch lukt, is de kans groot dat hij zijn maaltijden alleen zal moeten opeten. Als hij bij zijn brahmaanse collega's zou blijven, zou hun maaltijd door zijn aanwezigheid 'onrein' worden.'

'Pardon?'

'Dan moeten die brahmanen zuiveringsrituelen uitvoeren zodat hun eten weer eetbaar wordt. De angst voor geestelijke verontreiniging door voedsel is enorm. Vroeger was het nog erger: als alleen maar zijn schaduw op hun eten zou vallen, was het al 'onrein'. Waarschijnlijk is het dat voedseltaboe geweest dat geleid heeft tot het verbod op gemengde huwelijken. Je kan moeilijk met iemand trouwen zonder de maaltijden te kunnen nuttigen aan dezelfde tafel.'

'Het is mij een raadsel waarom mensen het zichzelf en anderen zo moeilijk maken.'

'Zelfs iemand als Gandhi stond onvoorwaardelijk achter het kastesysteem. Hij noemde de onaanraakbaren 'de Kinderen van God' maar ze bleven wel onaanraakbaar! Aan de andere kant is het perfect mogelijk, als laagste kasteman, om steenrijk te worden. Niets houdt je tegen.'

'Waar komt het woord 'kaste' vandaan?'

'Van het Portugese 'casta' wat 'clan', 'stam', 'familie' wil zeggen. De Portugezen gebruikten dit woord ook als kleuraanduiding voor hun druivensoorten en wijnen. Aangezien ze opmerkten dat rang en stand in het India van de zestiende eeuw te maken had met de huidskleur, schakelden ze dit woord in.'

'Hoe bleker hoe hoger op de ladder, hoe zwarter hoe lager. Het lijkt wel een pandemie op deze planeet.'

'Maar ook vrouwen werden meer en meer ondergebracht bij de *shudra*'s, de laagsten. Dat resulteert nu nog altijd in gearrangeerde huwelijken en een voorkeur voor zonen.'

'Woman is the nigger of the world.'

Zwijgend lopen we naar ons prachtig hotel, dat bestaat uit een tiental witte houten huisjes op het strand. Ik bedenk dat het enige maar dan ook het enige verschil tussen mensen hun niveau van zielsontwikkeling is. Ik kan me inbeelden dat je vanuit dat perspectief een kastestelsel zou creëren om de evolutie van de ziel te vergemakkelijken. Ik zie het zo vaak in mijn omgeving hoe mensen hun hele leven een gevecht met zichzelf lijken te voeren en er maar niet in slagen te doen wat ze echt zouden willen, alsof een hogere macht hen tegenhoudt. Het is het gevecht tussen de ziel (en haar doel) en het lichaam (en zijn ambities). De mens reageert op verwachtingspatronen en spendeert heel wat energie aan het zichzelf willen bewijzen. ''t Is een goeie jongen, maar...' of ''t Zit erin maar 't komt er niet uit...' zijn veelgehoorde reacties. Voor hen zou het een enorme hulp betekenen hun zielsbetrachting te kennen en te weten dat ze gezien hun 'zielskaste', zich alleen maar moeten toeleggen op lachen of dienstbaarheid of kruiswoordraadsels invullen. Maar om zo'n stelsel uit te dokteren moet je wel Superbrahma(a)n zijn.

Het kastegegeven blijft doorwerken op mijn verbeelding en ik roep een paar nieuwe kasten in 't leven. Om te beginnen de 'vitrinekaste', waarbij het uiteraard gaat om prostituees die in de etalageruimte hun waar aanprijzen. De 'keukenkaste' zorgt voor exquise, licht pikante, vegetarische maaltijden, die ik avond na avond met veel plezier verorber. De 'muurkaste' koestert een voorliefde voor tempelportalen en stadsmuren om er te bedelen. De 'ingemaakte kaste' irriteert mij mateloos omdat haar leden corrupt zijn en mij geld proberen afhandig te maken in de naam van bureaucratie en archeologisch patrimonium. Ten slotte twee kasten die mij telkenmale in vervoering weten te brengen: de 'klankkaste' en de 'kleurkaste', respectievelijk de muzikanten en de wevers.

Bamboestellage rond de strandtempel

De zon gaat onder en kleurt de bamboestellages die rond de strandtempel opgetrokken zijn, roze. Vissers repareren hun netten, zittend in het zand. Zigeuners warmen zich aan kleine vuurtjes. Het zachte ruisen van de Bengaalse Golf doet me inslapen als een kind. Alles in mijn kamer is wit: de muren, het bed, de meubels, het muskietennet.

Om negen uur 's ochtends word ik gewekt door de zon en dan gebeurt het. Ik onderga een bewustzijnsverandering en droom met open ogen. In eerste instantie zie ik een koepelvormige ruimte; juister gezegd, een centrale koepel met aan beide zijden een veel kleinere koepel. Ze staan in verbinding met elkaar. Het grondvlak bestaat dus uit drie cirkels, één grote en twee kleine. De binnenruimte is okergeel, daaromheen bevindt zich een membraan in okerrood en het geheel wordt afgebiesd met een tweede membraan in okergeel. De lagen zijn niet echt tastbaar. Het zijn eerder 'sferen' die bestaan uit trilling, resonantie. Ik krijg het woord 'vibratieklok' door. In tweede instantie bevind ik me binnen in de klok. Het is een zalig aanvoelende ruimte waar geen enkele beperking staat op mijn bewegingsvrijheid. Ik kan tuimelen, achterwaartse salto's maken, door de membranen heen gaan. Het voelt als zwemmen in vloeibaar, gekleurd gas zonder te moeten ademhalen. Mijn lichaam vormt geen enkele belemmering. Beneden me in 't midden van de ruimte staat, als een ovaal, een bos van bloedrode koraalstaven. Een adembenemende kracht straalt ervan uit. Het 'bos' loopt naar het centrum toe op, want de koralen zijn daar 't langst. Ik beweeg me nog een tijdje, speels tuimelend, genietend. En dan dooft het beeld uit en zie ik weer het wit muskietennet boven me. In mijn bewustzijn wordt nog meegedeeld dat dit India was, in de vijfde dimensie.

DE STRALENDE EN HAAR SCHADUW

Rabindranath Tagore schreef ooit: 'Een duizendjarige inspanning is de moeite waard om het hart van een vrouw te winnen.' Is het hier dan echt zo slecht voor een vrouw? Voldoende gemotiveerd en gesteund door mijn eeuwige nieuwsgierigheid, trek ik mijn zevenmijlslaarzen aan en begin aan een verkenningstocht door de mythologie en de geschiedenis van dit subcontinent. En wie kom ik als eerste tegen? Devi!

Devi, de Grote Godin met al haar deelaspecten: Parvati, Durga, Uma, Annapoorna en Kali, om er enkele te noemen. Haar naam komt van het Sanskriet *'div'* wat 'stralend' wil zeggen. Het was deze Stralende die, als Durga, mensen en goden verloste van de demonische krachten die de wereld in een hel hadden veranderd. De situatie was zo erg dat de goden zelfs gevlucht waren voor deze mannelijke, alles vernietigende superego's. Durga wordt afgebeeld staande op een leeuw, als teken van kracht. Ze is de ontembare vrouw, de ongrijpbare amazone, één met zichzelf, die nooit aan maar één man kan toebehoren. Ze is de vrouwelijke versie van aartsengel Michaël, die de demon aan haar speer rijgt. Haar krijgersaspect dat grote schoonmaak hield onder de negatieve machten, luistert naar de naam Kali. Het is dezelfde godin als onze zwarte madonna. Bij de Grieken heette ze Kalli, bij de Finnen Kalma, bij de zigeuners Sara-Kali, in het Midden-Oosten Kalu en in Ierland Kele. Door haar zwarte huid lossen alle namen en vormen op in haar, zoals alle kleuren opgeslorpt worden door het zwart. Aangezien ze naakt is, is ze vrij van elke omhullende illusie. Haar borsten zijn prominent aanwezig, ofwel in volle glorie ofwel in uitgelebberde versie. Ze creëert non-stop. Mannelijke inbreng hiervoor heeft ze niet nodig want de mannelijke energie zit in haar. De echte betekenis van maagdelijkheid en onbevlekte ontvangenis? Haar lange haren zijn het teken van ongetemde vrouwelijkheid, magnetische aantrekkingskracht. Ze draagt een halssnoer van 48 mensenhoofden, één hoofd voor elke letter van het Sanskriet en in haar hand houdt ze een afgehakt mannenhoofd, als symbool voor het vernietigen van egoïstische gedachten en handelingen. Verder heeft ze een rokje van mensenhanden (eens iets anders dan het bananenrokje van Josephine Baker), symbool voor het negatief *karma* dat de mens – met eigen handen! – gecreëerd heeft en dat ooit moet ingelost worden, vereffend. Kali gedraagt zich als de vleesgeworden doos van Pandora.

De Indische wijze Vivekananda schreef over Kali, de Moeder:
'*Verschrikking is Haar naam,*
de dood is in Haar adem.
Met elke wankele stap van Haar,
verdwijnt voorgoed een wereld.
Zij is de tijd die alles vernietigt.
Kom Moeder, kom tot mij!
Wie het waagt de ellende lief te hebben,
de gestalte van de dood te omhelzen,
de dans van vernietiging te dansen,
tot hem komt de Moeder.'

Met zo'n sterk vrouwelijk pantheon ligt het in de lijn van de verwachtingen dat alles wat met 'vrouwelijkheid' te maken heeft, ook ontzag zou inboezemen en een voorwerp van verering zou worden. Het land van de heilige koe is dan ook het land van de heilige kut. Zoals in alle oude culturen is de *yoni*, Sanskriet voor vulva, Latijn voor kut, de poort naar kosmische inwijding, de sleutel tot het hoger bewustzijn. Daardoor werd seksuele gemeenschap beschouwd als een sacrale handeling. Il fût un temps...

De stap naar *tantra* is zo gezet (zeker met mijn zevenmijlslaarzen). In de wereld van *tantra* is 'de strijd der seksen' onbestaand, want alles draait om de hereniging met Shakti, het Universele Beginsel, dat vrouwelijk is. Man en vrouw versmelten, vinden elkaar in gelijkwaardigheid en putten energie rechtstreeks uit de oerbron. Vivekananda verkondigde dat alleen op deze manier het essentiële evenwicht in de wereld kon hersteld worden. Hij vergeleek de menselijke geest met een vogel die ook twee vleugels nodig heeft om te kunnen vliegen, bevrijd te zijn.

In *tantra* is het uiterlijk van de vrouw totaal onbelangrijk; het gaat immers om de vleesgeworden goddelijke oertrilling, waaruit alles is voortgekomen en waarvan zij de belichaming is. In de dertiende eeuw werd in de kantlijn van het beroemde erotische werk, de Kamasutra, geschreven dat de deugd van een vrouw alleen maar kon beoordeeld worden aan de hand van het aantal minnaars dat ze had gekend. Het zal de vrouwen die tijdens het liefdesspel de bovenliggende positie verkiezen, een hart onder de riem zijn want de *viparita-rati*, zoals dit standje heet, geldt als het symbool voor het eeuwige streven van het Universum naar éénwording, fusie. Hier op deze planeet van dualiteit staat dat streven naar eenheid lijnrecht tegenover het mannelijke principe dat onherroepelijk leidt naar splitsing.

Een vrouwenlichaam was, en is 'the place to be'. Zelfs de hoogste goden verlangden ernaar een vrouwenlichaam te ervaren en vermomden zich als vrouw om met hun mannelijke collega's te kunnen vrijen. Een *tantra*-tekst verwoordt de ode aan het Vrouwelijke Beginsel als volgt:

> *'De vrouw schept werelden,*
> *de wereld is haar vorm.*
> *Zij is de grondslag van de wereld,*
> *de ware lichaamsvorm.*
> *Iedere vorm die zij bezielt,*
> *hetzij van man of vrouw,*
> *is steeds de allerhoogste.*
> *De vorm van alle dingen,*
> *van alles wat beweegt en leeft*
> *is in de vrouw gelegd.*
> *Geen kleinood is er mooier,*
> *geen rang ooit hoger dan de hare.*
> *Geen lotsbestemming is in*
> *heden, toekomst of verleden,*
> *gelijk aan haar bestemming.*
> *Geen koninkrijk, geen rijkdom,*
> *weegt op tegen een vrouw.*
> *Geen heilig oord is ooit in*
> *heden, toekomst of verleden,*
> *zo heilig als een vrouw.*
> *Geen vroom gebed benadert*
> *de waarde van een vrouw.*
> *Geen yoga die haar evenaart,*
> *mystieke woorden, noch ascese.*
> *Geen aardse schat is ooit in*
> *heden, toekomst of verleden,*
> *zo kostbaar als een vrouw.'*

In de vedische teksten wordt ze Aditi genoemd, de Draagster, Meesteres van de Kosmos. Zij is de oermoeder van alle goden, alle mensen, alle verleden, heden en toekomst. Zij is alomtegenwoordig en haar energie trilt in alles. Een van haar zonen, Indra, zal haar uiteindelijk verjagen en haar dienaressen doden. Het patriarchaat was geboren. De vedische wetten werden geïnstitutionaliseerd en als klap op de vuurpijl kwam er een brahmaan, Manu genaamd, op de proppen met de 'Wetten van Manu'. Waarschijnlijk was hij klein van gestalte maar zeker klein van lid (de historische bronnen laten me hier in de steek) en hij legde zijn wetten 'Manu militari' op. Zij vormden de overgang naar het hindoeïsme.

Ik wil de vrouwelijke lezers niet onthouden wat deze sympathieke brahmaan van tweeduizend voor Christus, over het gedrag van vrouwen schreef. *'Zij mag nooit onafhankelijk iets doen, zelfs niet in haar eigen huis. Als kind is ze ondergeschikt aan haar vader, in haar jeugdige bloei aan haar man en na diens dood aan haar zonen. Ze moet altijd opgewekt zijn en bedreven in haar huishoudelijke taken. Haar kookpotten moeten schoon zijn en ze moet zuinig omgaan met geld. Te allen tijde schenkt de man die haar in een heilige rite gehuwd heeft, zijn vrouw geluk. De deugdzame vrouw moet haar 'heer' altijd vereren als een god, ook al is hij lomp en genotzuchtig, ook al heeft hij geen enkele goede eigenschap.'*

Van Marilyn French is het magistrale boek 'From Eve to Dawn: a Woman's History of the World'. Ze beschrijft minutieus welke gevolgen de Wetten van Manu hadden. (Eén raad: lees het boek niet wanneer je in een melancholische bui bent.)

Manu vond het geschikt om jonge meisjes uit te huwelijken aan veel oudere mannen en weduwen mochten niet hertrouwen. Vrouwelijke kuisheid was een obsessie voor hem en overspel was misdaad. Gestenigd werden ze niet, overspelige vrouwen, wel verscheurd door de honden. Nuance. Aangezien je als weduwe niet mocht hertrouwen, werden je overlevingskansen moeilijker en was het soms beter om zelfmoord te plegen. Zo ontstond het gebruik van *sati*: weduwen die zich op de brandstapel van hun overleden echtgenoot wierpen. Mettertijd werd het een statussymbool en verhoogde deze daad het prestige van de familie. Heel veel weduwen werden onder morele druk gezet door hun familie om de *sati* te volbrengen. Soms werd de onwillige weduwe in gedrogeerde toestand vastgebonden op het lijk om alsnog verbrand te kunnen worden. Voor kleine meisjes die reeds uitgehuwelijkt waren maar wier man stierf voor hij het huwelijk had 'geconsumeerd', was het zo mogelijk nog erger. Een tweede kans op een normaal huwelijksleven kregen ze niet. Ze moesten maagd blijven en voor de rest van hun leven door hun familie onderhouden worden. Dik tegen de zin van die familie natuurlijk. Het meisje werd een levende *sati*, een deugdzame vrouw. Concreet vertaalde zich dat in 'op de grond slapen, één maaltijd per dag eten zonder honing, wijn, vlees of zout en een verbod op make-up, mooie kledij of parfums.' Onvrijwillige ascese dus. Bovendien moest ze dagelijks rituelen uitvoeren voor haar overleden echtgenoot, die ze in 99 procent van de gevallen nooit gezien had! Zijn zielenheil was in elk geval belangrijker dan haar prille leven. Het lag dus voor de hand dat zonen op de geboorteagenda stonden en dat pasgeboren meisjes vermoord werden.

Nadat de Britten de *sati* afschaften in 1829, kwam het wrede ritueel nog meer in zwang. Verbied iets en je kan er je hand voor in 't vuur steken (sic) dat het nog meer gebeurt dan voorheen. Het Britse streven om de status van de Indische vrouw op te krikken en het feit dat ondertussen veel Indische mannen in 't buitenland hadden gestudeerd, brachten verbetering, zeker voor de vrouwen uit hogere kasten. In 1961 werd de bruidsschat officieel verboden, maar zoals met de *sati*, had ook deze afschaffing een averechts effect.

Historisch groeide de bruidsschat, die aan de schoonfamilie van de bruid gegeven wordt, uit het gegeven dat de bruidegom een volledig afhankelijke, non-productieve vrouw overnam terwijl zijn familie hem kwijt was als kostwinner. In het hedendaagse India werken de meeste jonge vrouwen, dus gaat de logica van compensatie niet meer op. Toch leeft het gebruik gewoon verder en is men geneigd de eisen te verhogen wanneer de bruid ontwikkeld is en een inkomen heeft. Maar het kan altijd nog erger; ik citeer Marilyn French: '*Naargelang het westerse individualisme en de hebzucht zich steeds meer in India manifesteren, is de bruidsschat oorzaak van afschuwelijke ellende. De families komen een bruidsschat overeen, maar na het huwelijk begint men de bruid te chanteren om meer van haar familie los te krijgen: een televisietoestel, een ijskast, een motorfiets of een polshorloge voor de bruidegom. Zij weet dat, indien aan hun verzoeken niet tegemoet wordt gekomen, haar schoonfamilie haar wellicht zal doden, meest-*

al door haar boven het fornuis te houden zodat haar sari vlam vat en zij
verbrandt. Dan kunnen zij beginnen met het zoeken naar een nieuwe
bruid, met opnieuw een bruidsschat voor hun zoon. Duizenden vrouwen
zijn in de afgelopen jaren op deze manier vermoord. Dit afgrijselijk feno-
meen wordt nog afschuwelijker als men bedenkt dat de moordenaars vaak
ook vrouwen zijn, namelijk de schoonmoeders. De patriarchale hiërarchie
in India slaagt er zeer goed in verdeeldheid te zaaien tussen vrouwen
onderling.'

Tot slot nog dit. Dat er in het moderne India meer vrouwen
politieke functies bekleden dan waar ook ter wereld, heeft uitsluitend met het kastesysteem te maken. Zoals vroeger de koningen,
worden nu de politici voortgebracht door dezelfde feodale families
die tot de *kshatriya*'s behoren. Aangezien vrouwen uit deze kaste
veel meer voorrechten hebben dan mannen uit lagere kasten, ligt
het voor de hand dat het vrouwen zijn die in de politiek terechtko-
men. Mocht het kastestelsel ooit verdwijnen, dan zou de aanwezigheid van politica's drastisch verminderen.

Marilyn French besluit: *'Het is duidelijk dat vrouwen in India te*
kampen hebben met een diepe, doordringende en dodelijke vrouwenhaat
waarmee zijzelf bijna evenzeer besmet zijn als de mannen. De enige hulp-
middelen tegen deze ziekte zijn onderwijs en solidariteit. Jonge, ontwik-
kelde Indische vrouwen doen indrukwekkende en genereuze pogingen deze
middelen aan te reiken aan vrouwen in steden en dorpen, maar vrouwe-
lijke solidariteit is misschien niet mogelijk in een zo door het kastestelsel
aangevreten land. Dit systeem bepaalt niet langer al het reilen en zeilen
in India en wetten verbieden bepaalde vormen van discriminatie tegen de
lagere kasten, maar het blijft een machtig middel tot onderscheid en ver-
hindert de pogingen arbeiders en vrouwen te organiseren.'

De Stralende verdween onbaatzuchtig nadat ze de goden en de
mensen van hun demonen had verlost. Ze vertrok zonder commis-
sieloon of enige materiele compensatie. Machtswellust of egoïsme
maken immers geen deel uit van het Universele Beginsel. Ondertussen wordt de mensheid verplicht te kiezen, wordt ze getest op
haar zuiverheid en inzicht. Pas op de dag dat de mensheid haar volle
verantwoordelijkheid zal opnemen, zullen de demonen verdwijnen
als sneeuw voor de zon. De wijze Vivekananda voorspelde de
wederopstanding van de vrouwelijke energie in het menselijk
bewustzijn, nadat de patriarchale religies haar naar het onder-

bewuste hadden verbannen. Hij zag Devi, jonger en stralender dan ooit, de wereld toelachen met een stem die vrede en zegen brengt.

DE LAATSTE DANS

Mijn reis eindigt waar ze begon, in de miljoenenstad Madras.

Ik haal met Jetty het danskostuum op dat ze bij onze aankomst had besteld. Het zit haar als gegoten (wat natuurlijk de bedoeling is van een op maat gemaakt pak). De kleur van de zijde is zwart, wat zeer ongewoon is. Zwart is onbestaand in de dagelijkse kledij. Elke *sari* bestaat uit een vijf meter lange lap zijde of katoen, die altijd eindigt in een soort motievenapotheose, de *pallu*. De stof is afgebiesd met een gouden strook en de *pallu* bestaat bijna volledig uit gouddraad. Een gewone *sari* wordt onverknipt, in een paar bewegingen om het lichaam heen gewikkeld en men draagt er altijd een topje onder met korte mouwen. Bij een dans-*sari* is dat anders: op een vernuftige manier geknipt, zijn haakjes en ogen onzichtbaar verwerkt in de blouse en de wijde broek, waarop het laatste stukje *pallu* vastzit als een rokje. Blikvanger zijn de vier gouden aanloopstroken van de *pallu* die overlangs geplooid, uitwaaieren als een omgekeerde pauwenstaart. Bij een danskostuum horen juwelen. Zij zijn onderdeel van de *sola singaar*, de zestien traditionele versieringen voor de vrouw. Op zich kunnen ze me niet bekoren, ook al zijn ze vervaardigd uit 24-karaats bladgoud, maar eenmaal ze op het kostuum gepresenteerd zijn, versmelten ze tot een mooi geheel.

We rijden, Jetty in vol ornaat, naar de Adyarrivier, die uitmondt in de Golf van Bengalen. Langs de oever, aan elektriciteitspaal nr. 7, ligt het prachtige park van het Theosofische Genootschap dat zich hier in 1882 vestigde. Het is een stukje paradijs dat ondertussen volledig opgeslokt werd door de stad, maar waar je je perfect kan terugtrekken in stilte. Naast een uitgebreide bibliotheek huisvest het domein een paar prominente oude bomen, waaronder de tweede grootste banyanboom van India. Mijn oog valt op een enorme klimplant die zich een weg naar de top van een cameliaboom slingert. De bloemen zijn fel oranje maar worden getemperd door ontelbare gele en roze meeldraden en de vruchten zijn zo groot als meloenen. Ik haal de vriendelijke bibliothecaris erbij om te weten te

De Blavatsky Avenue

komen dat dit Shiva's bloem genoemd wordt. Ik tel de bloembladen en ben toch nog verbaasd dat het er zeven zijn.

Via de hoofdweg, de Blavatsky Avenue – Helena Blavatsky was de oprichtster van het Theosofische Genootschap – bereiken we een afgelegen wit tempeltje. Jetty danst er tussen de trappen van de tempel en de vijver die ervoor ligt.

De lokatie is perfect: de opgerichte structuur van de trappen en de tempel als mannelijk symbool, de *lingam*, en de lotusbloemen als dobberende *yoni*'s op een zee van vruchtbaarheid. Haar dans voltrekt het innerlijk huwelijk, het mystieke versmelten van mannelijk en vrouwelijk. Het dansen als een gebed van eenwording. Zoals Sri Nataraja, Heer Shiva, danst ze de vijfvoudige dans van achtereenvolgens Schepping, Versluiering, Bescherming, Vernietiging en Bevrijding. Bij elke pas wordt de demon van onwetendheid vertrapt,

Jetty's laatste dans

uitgewist en komt het pad vrij naar inzicht en kennis. De schijnwereld van het ik-bewustzijn lost zich op in een kosmisch bewustzijn zonder dualiteit. Kali, in haar zwarte sari, danst zich een weg uit de onderdrukking.

Tijdens deze laatste dans schuift het stukje India dat ik mocht leren kennen voorbij als een schitterend omhulsel, een gouden schil, die impressioneert en betovert maar waarvan de kern van goddelijkheid en sacraliteit verloren ging in de mist van aardse verlangens, intriges en vergetelheid. Ik adem zeven keer heel diep in en uit. Het is 25 januari.

EPILOOG

Toen ik deze tekst over India net af had, kwam mijn vader, van wie ik de liefde voor boeken en reizen heb overgeërfd, met een boek voor de dag: 'India: Oude Goden, Nieuwe Normen' uit 1951, geschreven door Alexandra David-Neel. Ik heb dit schitterende boek in één ruk uitgelezen en was aangenaam verrast dat ook zij af en toe oneerbiedig uit de hoek kon komen en soms 'krom van de lach ervandoor ging'. Binnen de context van mijn verhaal was het bijzonder interessant om haar ooggetuigenverslag te lezen van een optreden in de Maduraitempel van veertig *devadasi's*. Ze schrijft: 'Wat die dans voorstelde, weet ik niet. Het waren steeds maar weer dezelfde draaibewegingen van de armen, vingers en tenen, dezelfde heupcadans, het brutale gebaar van buik en boezem. De meisjes zagen er waarlijk niet knap of aantrekkelijk uit. Maar het was beangstigend om te zien welke uitwerking zij hadden op de ruim honderd mannen, die zich met uitpuilende ogen en verwrongen gezichten rondom het podium verdrongen.' En dan legt ze het boeddhistische begrip *'samadhi'* uit, wat een niet-dualistische staat van bewustzijn is, waarbij de geest één wordt met het voorwerp van betrokkenheid en vat laconiek samen: 'De gehypnotiseerde mannen rondom de danseressen hadden werkelijk dat stadium van totale vervoering bereikt: de *samadhi* van de paring.' De danseressen proberen weg te komen via sluipwegen in het tempelcomplex, achternagezeten door een bende geëxciteerde, geile mannen. Alexandra David-Neel besluit: 'Ik verliet de tempel, diep geschokt maar met één ervaring rijker omtrent de intieme mogelijkheden van het heiligdom der goden.' Naast zeer aangrijpende passages over de pest en de cholera-epidemie waar ze middenin zit en de aanhoudende hongersnood door droogte veroorzaakt, beschrijft ze ontelbare rituelen waar ze aan deelnam en vooral het gevoel dat ze erbij had. Het lijkt erop dat we hetzelfde hebben ervaren bij onze tempelbezoeken. 'Het was niet de gelegenheidsnieuwsgierigheid van de toerist, die mij ertoe bracht de tempels te betreden. Ik heb mij van kindsaf geboeid gevoeld door de mystiek van het Oosten en reeds bij het eerste bezoek aan een tempel werd ik geheel gebiologeerd door de bijzondere atmosfeer, die er de bezoeker omhult. Een raadselachtige macht van onvermoede gedachten, van wondere ontroering beheerst er volstrekt de tempelhallen. Er waart een duister gevoel van onheil rond, maar ver daarbovenuit overheerst het gevoel van schier bovenaards geluk, dat met geen pen te beschrijven is, maar dat de mens huiveringen door het lichaam jaagt.' Ze gaat verder: 'Er opent zich een galerij, waarin men aan alle kanten omgeven wordt door gigantische stenen beelden, die helden voorstellen, goden en dieren. (...) Galerij na galerij, ontelbare galerijen, alle gevuld met demonische wezens. Telkens scheiden zich zijgangen af, die dienstdoen als voorhal voor de heiligdommen, waar goden hun verborgen leven leiden. In het schemerduister van dit doolhof van donker gesteente kan men nog het bestaan verwerpen van een Shiva of een Parvati, die ergens moeten zetelen op een of andere hemelse troon; men kan alsnog het bestaan van alle goden een fantasie noemen; maar onmogelijk is het de machten te negeren, die rondwaren in de duistere, doodstille tempelhallen. Onafwijsbaar, overweldigend, dringen zij zich op aan de mens en doen zijn zelfbewustzijn teniet, tot er niets anders overblijft dan het naakte, kloppende hart, dat zich willoos overgeeft.' En wat ten slotte haar beschrijving van de brahmaanse priesters betreft, kan ik alleen maar concluderen dat deze kaste de tand van de moderne tijd overleefd heeft en er nog steeds zo bij loopt als toen, al drukt zij het wel wat oneerbiediger uit. 'Deze brahmanen waren uitsluitend brahmanen, niets anders dan brahmanen. Het was hun enige levensdoel en levensopgave brahmaan te zijn. Wat zij in hun privé-leven deden, was van weinig of geen belang, stond als het ware op de laatste rand van hun wezenlijke hoedanigheid: het brahmaan-zijn. Het waren over het algemeen knappe kerels, tamelijk groot, vaak met een neiging tot zwaarlijvigheid en, vergeleken bij de donkere gelaatskleur van het merendeel van de bevolking, nogal blank. Zij herinnerden mij aan die "epitheton ornans", die hun voorvaderen zichzelf verschaften in de tijden der Veda's: "blanke vrienden der goden". Als zij, bewust van hun meerwaardigheid, met afgemeten schreden rondwandelden, leken ze in hun bewegingen min of meer op de heilige koeien, die ook zo met verheven gelatenheid en onverschilligheid door de tempel boemelden.'

NOTEN

- De namen van de meeste Indische steden zijn ondertussen veranderd. Madras werd Chennai en Bombay is nu Mumbai.
- Enkele maanden na mijn bezoek werd de politica Jayalalitha, wier beeltenis zo prominent aanwezig was in Thanjavur, in de cel opgesloten. Er liepen zo'n veertig aanklachten tegen haar, gaande van het 'oude Indische zeer' (corruptie), tot het laten overgieten van tegenstanders met zoutzuur. Haar regering werd de 'Cash & Carry Club' genoemd; vele miljarden verdwenen in haar zakken. De processen kunnen meer dan tien jaar duren en haar straf kan oplopen tot honderd jaar.
- Jetty Roels geeft workshops en lessen in Bharata Natyam en kan je bereiken op 09/225.44.18 of via jetty.roels@skynet.be

NIEUW-ZEELAND

'Some are born of the dreamtime and make their world.
Others are born of the world and make their dreams.'

Barry Brailsford

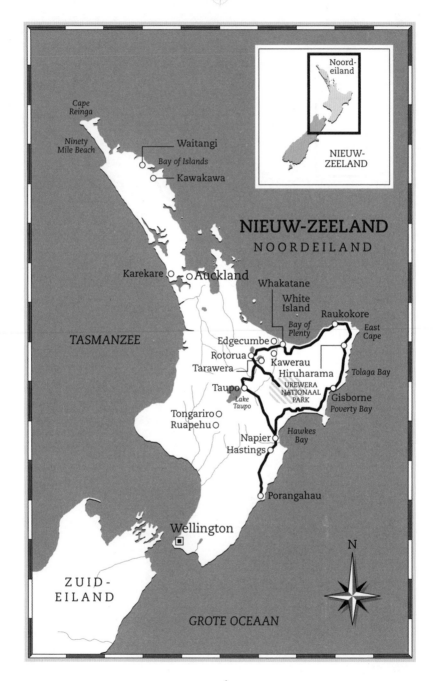

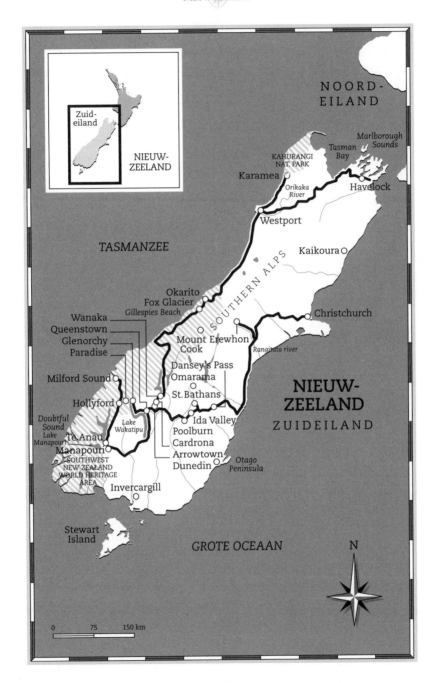

Mijn verlangen naar Nieuw-Zeeland groeide vlak bij huis, in Zeeland. Als kind ging ik met mijn ouders picknicken in Cadzand, toen thuis in Zeebrugge stranden en straten gevuld waren met dubbel zoveel toeristen als inwoners. In Cadzand was er nooit iets te merken van die helse zomerdrukte. De duinen en het strand leken wel van ons. Een enkele keer namen we de veerpont in Breskens om op het schiereiland Walcheren een nog verlatener plek op te zoeken, ergens tussen Westkapelle en Domburg. Het veer gaf me 't gevoel op weg te zijn naar onbekende bestemmingen. De grond die letterlijk vanonder mijn voeten verdwenen was, maakte plaats voor een klotsend, wiebelend vervoermiddel dat zo anders was dan de auto die ik van kleins af gewoon was. Ik werd opgenomen in de trage beweging en aangezien er minder indrukken van buitenaf kwamen, werd als vanzelf ruimte vrijgemaakt voor wat er zich afspeelde in mijn hoofd en hart. Oude herinneringen borrelden op en het kleine kind dat ik was, voelde zich groeien tussen fierheid en verantwoordelijkheid want het bedwong dat grote water en was op weg naar een totaal onbekend vasteland.

HET NIEUWE LAND

Nieuw-Zeeland is rijk aan water. Brede rivieren, watervallen, meren, gletsjers, fjorden, geisers en achttienduizend kilometer kust bepalen er de reisroute. 'De Eilanden van de Dubbele Zee' is de oude benaming van dit langgerekte land dat bestaat uit drie eilanden die nat gehouden worden door de Tasman Zee in het westen en de Stille Oceaan in het oosten. Bij Cape Reinga, het noordelijkste puntje van 't Noordeiland, raken de zeeën elkaar, ze botsen en nemen happen uit elkaars territorium. Een eindeloze, kronkelende lijn met een grillige schuimkraag scheidt de watermassa in een topaasgroene linker- en een donkerblauwe rechterhelft.

Er zijn nog veerponten in werking en die pik ik er altijd uit. Niet zozeer om weg af te snijden maar om die kinderlijke opwinding die ik ervoer tijdens de overtocht Breskens-Vlissingen, terug te beleven.

Ik weet niet hoe de Nederlander Abel Tasman zich voelde toen hij langs de westkust van het Zuideiland voer. Volgens de boekjes was hij de eerste Europeaan die deze uithoek aandeed. In opdracht van de Oost-Indische Compagnie, die gestationeerd was in Batavia (het huidige Jakarta), vertrok hij in augustus 1642 met twee schepen, 'De Heemskerck' en 'De Zeehaen'. In november ontdekte hij Tasmanië en op 13 december kwam 'een groot en hoog verheven land' in zicht. Wat hij zag, waren de zuidelijke Alpen. Door een zware zee werd hij gedwongen verder noordwaarts te zeilen, maar kans om aan land te gaan, kreeg hij niet. Maori overvielen één van zijn sloepen en doodden vier matrozen. Hoe hij zich daarna voelde, is duidelijk. Hij noemde de inham 'Moordenaarsbaai' en maakte dat hij wegkwam. Het incident gaf Batavia voldoende redenen om deze uithoek als gevaarlijk en dus ongeschikt voor handel of kolonisatie te bestempelen. Nieuw-Zeeland werd dus net geen Nederlandse kolonie. Tasman noemde het stukje kust waarvan hij niet had kunnen proeven naar de provincie Zeeland. Er bestaat een landkaart van 1654, in Venetië gepubliceerd, waar men voor 't eerst de benaming 'Het Niew Zelandt' vindt, in 't Italiaans 'Nuova Zelandia'.

Het nieuwe land werd meer dan een eeuw met rust gelaten en pas in 1769 was het de beurt aan een uitzonderlijk man in alle opzichten, James Cook. Als kapitein had hij een 'levensvriendelijke' reputatie opgebouwd, aangezien 80 procent van zijn bemanning in leven bleef (bij anderen was dat minder dan de helft). Scheurbuik en andere ziekten werden voorkomen door levend vee mee aan boord te nemen zodat er altijd melk en eieren waren en als het enigszins mogelijk was, bevoorraadde hij zich met verse groenten en fruit. Als amateur-astronoom had hij zijn palmares verdiend en daarom werd hij naar Tahiti gestuurd om er de Venustransit te bestuderen (dat is de passage van de planeet Venus tussen de Zon en de Aarde). Een enveloppe met geheime opdracht, die pas na het opzoekingswerk mocht geopend worden, maakte de reis er niet minder spannend om. De geheime instructies zonden hem ten slotte naar het legendarische Zuidland – Terra Australis – in de zoveelste poging het in kaart te brengen. Er werd hem gevraagd fauna, flora en bodemgesteldheid te onderzoeken. Aan boord van zijn schip 'Endeavour' (Engels voor 'streefdoel', 'inspanning') reisden botanisten en tekenaars mee die al snel de tijd van hun leven meemaakten. Cook zag op 6 oktober de oostkust van het Noordeiland en doopte zijn eerste landingsplaats 'Poverty Bay' omdat hij geen verse voorraden kon aanleggen. De tweede keer, aan de noordkust, lukte het wel en de baai werd dan ook 'Bay of Plenty' genoemd. Verder stond er in de brief dat hij een vriendschappelijke houding moest aannemen tegenover de inheemsen. En dat deed hij op onnavolgbare wijze. Toen de eerste contacten vijandig verliepen, nam hij een paar Maori gevangen, bracht hen aan boord en verwende hen als prinsen. Na een paar dagen stuurde hij hen terug, overladen met geschenken. Voor de Maori aan land was het snel duidelijk dat deze man alleen maar goede bedoelingen had. Problemen deden er zich dan ook niet meer voor.

Cook kwam in totaal drie keer naar Nieuw-Zeeland. Hij bracht de kustlijn volledig en nauwgezet in kaart – op een paar slordigheden na – gaf alles Engelse benamingen en bouwde vriendschapsrelaties op met de Maori. De enige koloniale daad die hij stelde, was New Zealand – de Nederlandse naamgeving bleef behouden – opeisen voor de Engelse Kroon.

Ondertussen waren de Fransen ook gearriveerd. Grappig was dat de Franse expeditie onder leiding van Jean de Surville in 1769 in Cooks kielzog voer, zonder dat ze zich van elkaars aanwezigheid bewust waren. Maar waren zij echt de eerste Europeanen die hier voet aan wal zetten?

Het was Cook opgevallen dat veel Polynesiërs, dus ook de Maori, bijna even blank waren als hijzelf. Ook andere ontdekkingsreizigers hadden het over *'adellijke typen met rijzige gestalte, krachtige bouw en zacht golvend haar waarvan de kleur varieert van donker – naar lichtbruin met rode en blonde toets. Mannen hebben baardgroei, een rechte neus en gewone lippen. Ze zijn zo blank dat ze kunnen blozen!'* Deze Polynesische aristocraten bekleedden hoge posities. Zo hadden de Maori slaven en niet toevallig waren dat de donkersten onder hen.

De Maori worden ten onrechte als de oorspronkelijke bewoners van Nieuw-Zeeland beschouwd. Ook zij waren kolonisten, die hier zo'n 1200 jaar geleden vanuit Oost-Polynesië arriveerden. Toen de Europeanen de zee niet op durfden, uit angst dat ze aan de einder van een platte Aarde zouden afvallen, legden de Maori duizenden zeemijlen af in hun prachtige catamarans. Pikant detail: ook de Maori geloofden dat de Aarde plat was. Zo'n 250 sterren kenden ze, die ze gebruikten om te navigeren en hun zeetochten waren allesbehalve plezierreisjes. Echte volksverhuizingen waren het, van hele clans, met uitsluitend jonge mannen en vrouwen aan boord, veroorzaakt door overbevolking en hongersnood. Ze lieten hun paradijselijke eilanden achter zich en laadden hun gigantische catamarans vol met dieren, zaaigoed en gewassen. Zo werd hier de Polynesische hond (*kuri*) geïntroduceerd, die vrij snel uitstierf en de rat (*kiore*), helaas niet uitgestorven. Beide diersoorten waren bedoeld voor consumptie. De bekendste groente die ze meebrachten, was de zoete patat, *kumara*.

Toen ze 't binnenland exploreerden, bleek dat ze niet de eersten waren. De Maori maken melding van verschillende volkeren zoals de Waitaha, de Rapuwai en de Moriori. Deze stammen vertoonden twee intrigerende aspecten: multiracialiteit en een vreedzame samenleving. Het waren beslist geen Polynesiërs. De drie rassen die zich onderscheidden, waren blanken met rood of goudblond haar en sproeten, grote zwarte mensen en olijfkleurigen met zwart haar en donkere ogen. De blanken waren goede navigators met astronomische kennis, de zwarten waren uitzonderlijke landbouwers en de mediterrane typen woonden in de bergen. Het leek erop dat ze gezamenlijk naar deze uithoek gezeild waren. Meer dan duizend jaar leefden ze in vrede terwijl een tweehonderdtal nederzettingen opgericht werden. Wapens kenden ze niet en de oude wijsheid werd van generatie op generatie doorgegeven. Nieuwe migranten werden met open armen ontvangen want uit gemengd bloed werden alleen maar gezonde kinderen geboren.

De eerste Maori wachtte dus een warm onthaal. '*Maori*' betekent 'gewoon' en men gaat ervan uit dat ze zichzelf zo gingen noemen na de confrontatie met de blanken, die er dus duidelijk 'anders' uitzagen. Maar misschien noemden ze zichzelf al zo, nadat ze hier aan land waren gekomen en de oude volkeren, die er ook 'anders' uitzagen, ontmoetten? Hoe het ook zij, niet lang daarna, kwamen er invasies van oorlogszuchtige Maori. Waar deze 'warriors' vandaan kwamen, weet niemand. Alsof ze recht uit de buik van de onderwereld opdoken. De vreedzame coëxistentie van de oude volken was ten dode opgeschreven. In hun profetieën, die onlangs te boek gesteld werden na zeventig generaties van mondelinge doorgave, wordt verteld dat het land zou overspoeld worden door oorlog.

'Bewandel de schaduwen, duik onder in het water,
verdwijn in de nevelen, stap achter de regenboog
om de kennis te behouden.

Blijf bij de waarheid, houd ze moedig warm,
want pijn zal het land wegvreten en onze droomcirkel verbreken.'

In eerste instantie verdreven de agressieve Maoriclans de Waitaha van het Noordeiland naar het Zuideiland, maar gaandeweg waren ze ook daar niet meer veilig en een langzame genocide voltrok zich. De Moriori die op de Chatham eilanden woonden, werden vanaf 1830 uitgemoord door Maori uit Taranaki. Deze vrij recente tragedie werd gedocumenteerd en geeft een idee hoe het er eeuwen geleden aan toeging toen de Waitaha en de Rapuwai systematisch uitgeroeid werden.

Vandaag worden de namen van de oude volkeren niet meer genoemd. Hun afstammelingen worden op één hoop gegooid en 'gelabeld' als Maori. Maar waar kwamen ze vandaan? Uit welke haven vertrokken ze voor ze koers zetten naar de onderbuik van de planeet? De laatste decennia stapelen de bewijzen zich op dat mediterrane volkeren de eer toekomt als eerste ontdekkers en kolonisators van deze eilanden.

Op het Noordeiland bevinden zich rotstekeningen die het bewijs vormen dat Fenicische schepen hier in de zevende eeuw voor Christus, aan land kwamen. In de Pakanae-inham werd een rots van twee meter lang gevonden met als petroglief de landkaart van Nieuw-Zeeland. De rots werd versjouwd en is te bezichtigen in de *marae* van Pakanae. Noordelijker in Te Whau, staat een wereldkaart (zonder het Amerikaanse continent) in de rots gekrast en vlak bij Taupo, op de Tauhara-berg, is de hele wereld te bezichtigen. Het accent van deze wereldkaart ligt op een onwaarschijnlijk gedetailleerd Nieuw-Zeeland: Noord- en Zuideiland en onderaan het kleine Stewarteiland dat Cook abusievelijk aan het Zuideiland had laten vastzitten! Verder zijn er afbeeldingen van Fenicische schepen, Indische goden zoals Shiva, Ganesha en Hanuman, de gigantische *moa*-struisvogels die uitstierven door te intensief jagen en van ruiters die de *moa*'s berijden.

Het meest intrigerende symbool dat steeds terugkomt, is een vierkant op zijn kant, een ruit. Als een brandmerk staat het op het Noordeiland, ergens tussen Palmerston North en Napier, maar het hangt ook boven de schepen, alsof men het achternazit, een streefdoel, 'endeavering'. De associatie die het bij mij oproept, is die van een ommuurde tuin, een beschermde oase en steeds komt er die gedachte in me op, of moet ik het herinnering noemen, aan de 'Tuin van Eden'. Dat paradijselijk oord, waar vele rassen in vrede en harmonie samenleefden en daardoor een lichtend voorbeeld was, een plaats van licht. Welke zeeman, welke passagier zou die paar jaar van zijn leven niet veil hebben om naar zo'n land te zeilen? 'Paradijs' is een woord dat ik niet terugvind in mijn Maoriwoordenboek. Paperclip en parkeermeter daarentegen wel.

HARTVERWARMENDE ZUSSEN

Nieuw-Zeeland is een land in beweging, letterlijk. Als een ondergrondse ruggengraat loopt de breuklijn waar twee van 's werelds grootste tektonische platen elkaar ontmoeten. Een ontmoeting die gepaard gaat met veel spanning en enorme wrijvingen teweegbrengt. De oude volkeren hadden het hier evengoed 'De Eilanden van de Dubbele Plaat' kunnen noemen. Het Noordeiland en de noordelijke punt van het Zuideiland worden gemanipuleerd door de Australische Plaat, die met de klok mee noordwaarts stuwt, terwijl de rest van het Zuideiland en Stewarteiland gedomineerd worden door de Pacifische Plaat, die tegen de klok in naar het westen draait. Deze twee platen die elkaar, als gigantische tandraderen proberen weg te duwen, zijn er oorzaak van dat Nieuw-Zeeland gemiddeld 17.000 aardbevingen per jaar te verwerken krijgt.

Mt. Tauhara, waar zich het gros van de Fenicische petrogliefen en bewijzen van een nederzetting bevinden, ligt bij het Taupomeer. Onder het oppervlak van dit rustige meer dat bij mooi weer bezaaid ligt met zeilschepen en plezierbootjes, ligt één van de gewelddadigste vulkanen van de planeet. In de oertijd, lang voor de mens hier rondliep, ontplofte hij en liet een krater achter van zeshonderd vierkante kilometer! De krater vulde zich met water en zo ontstond het meer. Het bleef niet bij die ene keer. Ongeveer 26.500 jaar geleden liet hij opnieuw van zich horen en daarna volgden nog 29 erupties waarvan die in het jaar 181 voorlopig de laatste was. (Ter vergelijking: ze was wel tien keer groter dan de uitbarsting van de Krakatau).

De twee meest voorkomende vulkaantypen zijn de stratovulcano en het calderatype. Eerstgenoemde hoopt de spanning op onder zijn kegel en bij een uitbarsting, vliegt de top eraf. 'Caldera' is Spaans en betekent 'ketel'. Deze helleketel bestaat uit één groot gat dat zich al dan niet met water heeft gevuld maar dat non-stop stoom verzamelt voor een volgende uitbarsting. Bij de Taupo-caldera is het onmogelijk te voorspellen wanneer die er komt en hoe groot ze zal zijn. Zogoed als alle vulkanische activiteit is geconcentreerd op het Noordeiland en de reden daarvoor wordt ons aangereikt door de Maorimythologie.

Eén van de voorouders, *Ngatoro-i-Rangi* (Echo van de Hemel), een groot tovenaar, was vanuit het legendarische thuisland Hawaïki hier aangekomen op verkenning. Bij de Tongariroberg kwam hij echter terecht in een sneeuwstorm en vroor bijna dood. Radeloos, niet wetend wat te doen met dit vreemde weersverschijnsel – in Hawaïki was het eeuwig lente – riep hij zijn twee zussen aan, die thuis waren gebleven. *Te Pupu* (Het Kookpunt) en *Te Hoata* (De Nieuwe Maan) hoorden zijn SOS, sprongen in 't water en snelden hem ondergronds tegemoet. Aangezien ze beiden afstamden van niemand minder dan *Te Ra* (De Zon), waren ze meer dan warmbloedig. Hun hele traject is nog altijd zichtbaar want waar ze passeerden, lieten ze een spoor achter van geisers, hete modder en warmwaterbronnen. Alle bergen werden vulkanen, de Tongariro incluis en broerlief kon zich eindelijk warmen. Op hun terugreis veroorzaakten ze nog meer thermische activiteit zodat het centrale gedeelte van het Noordeiland zich om en bij het kookpunt gedraagt.

De vulkanen dragen poëtische namen – Ngauruhoe, Taranaki, Ruapehu, Tongariro – maar het zijn gevaarlijke oude mannen. In oktober 1995, amper vijf maand nadat ik Nieuw-Zeeland voor 't eerst bezocht, kwam de Ruapehu tot uitbarsting. Op zijn flanken waren tientallen skiërs aanwezig en sommigen maakten de foto's van hun leven. Grootste boosdoener bij de eruptie was de vulkanische as, die de oogst vernietigde, het skiseizoen tot nihil herleidde en de wegen onberijdbaar maakte. In 1996 braakte hij opnieuw, in exact dezelfde maand en het Whakapapa Ski Field moest andermaal ontruimd worden.

Nieuw-Zeeland maakt deel uit van een breuklijnencirkel die de hele Stille Oceaan omspant en de 'Ring van Vuur' genoemd wordt. Reeds door de vroegste ontdekkingsreizigers werd het Noordeiland aangeduid als het 'Rokende Eiland' en men voer er met een grote boog omheen. Ikzelf heb nooit enige verheffende of schokkerige avonturen meegemaakt en ik moet bekennen dat ik, eenmaal thuis, met afgunst de berichtgeving las over de uitbarstingen van de Ruapehu.

Voor de Nieuw-Zeelander maakt het deel uit van het dagelijkse leven. Mike uit Edgecumbe vertelde me dat zijn afrastering geregeld twee meter opschuift of opeens een vreemde hoek maakt, waar

De Zuidelijke Alpen

ze normaal rechtdoor loopt. Greg uit Gisborne heeft zijn gecementeerd zwembad niet meer hersteld nadat het voor de vijfde keer gebarsten is. Het ligt er sindsdien bij als een troosteloze, kale kuip. Simon zag tijdens de Inangahua-aardbeving van 1968 de Orikakarivier de andere kant opstromen, stroomopwaarts dus! Zandfonteinen die ontstaan in rivierbeddingen, stijgend of dalend land, opengescheurde aarde; allemaal zijn het tastbare bewijzen van de ondergrondse breuklijnen. De spectaculairste breuk van Nieuw-Zeeland is de Alpine Fault die over de gehele lengte van het Zuideiland loopt, langs de zuidelijke Alpen. Op luchtfoto's lijkt het alsof een opperwezen met liniaal en stanleymes te werk is gegaan. De ondergrondse stuwkracht van de zuidelijke Alpen is onwaarschijnlijk groot. Mocht er geen erosie zijn van wind en neerslag, dan zou dit gebergte een hoogte van 25 kilometer bereiken, tot in de stratosfeer!

Vreemd genoeg zoekt de mens deze gebieden juist op. Alle grote steden werden boven op breuklijnen gebouwd. Wellington, Dunedin, Christchurch en uiteraard Auckland zijn 'hot spots'. Auckland, de grootste stad met meer dan een miljoen inwoners, is gebouwd op wat in vaktermen een 'vulkanisch veld' heet. Zo'n veld wordt gekenmerkt door de aanwezigheid van één magmakanaal waaruit keer op keer vertakkingen ontstaan, die kleine erupties veroorzaken aan de oppervlakte. Kenmerkend voor deze grootstad is de laagbouw en het accent op houten constructies. Het Aucklandveld is even groot als de Taupo-caldera. Zonder uitzondering is de Nieuw-Zeelander verzekerd voor EQC (EarthQuake Cover) en het is zeker geen toeval dat het een Nieuw-Zeelands ingenieur was, Dr. Bill Robinson, die een aardbevingsbestendige bouwmethode uitvond. Hij en zijn team ontwierpen een isolerende draagstructuur in lood, gecombineerd met rubber, die tussen de fundamenten en het gebouw zelf geplaatst wordt. Wanneer de aarde beeft, bewegen alleen de fundamenten en het gebouw erboven blijft gespaard. Zijn uitvinding wordt ook al toegepast in Japan en de VS.

IN VUUR EN VLAM

Tot 9 juni 1886 konden toeristen – ja, die waren er toen ook al – een natuurlijk wereldwonder bezoeken aan de voet van een heilige berg, de Tarawera. Uitgestrekte silicaplatformen in witte en roze tinten deden de Victoriaanse dames eventjes wegdromen in deze woestenij. Het geheel zag eruit als een verzameling van sierlijke fin

de siècle lavabo's, gevuld met romig water. De Maorigidsen beleefden die dag echter vreemde dingen. Zo ontmoetten ze een spookkano waarvan de roeiers opeens een hondenkop kregen, het niveau van het meer stond veel hoger dan normaal en twee sjamanen hadden gewaarschuwd voor naderend onheil.

In de vroege ochtend van de 10de juni was het zover. De drie toppen van de Tarawera ontploften, vernietigden de wondermooie platformen, creëerden een aantal nieuwe meren en bedolven de dorpen onder een metersdikke aslaag. Officieel stierven er 120 mensen maar het dodental moet enkele duizenden geweest zijn, want de verdwenen dorpen waren niet geregistreerd. De uitbarsting duurde zes uur en was naar Nieuw-Zeelandse normen een kleintje.

De opengereten Tarawera

Toch is het resultaat absoluut spectaculair te noemen. De vulkaan werd in twee gereten en er ontstond een kloof van twaalf kilo-

meter lang en 250 meter diep. De overheersende kleuren zijn roze, mauve en donkerrood. Vanuit de lucht is het alsof men met een reuzenmes tekeer is gegaan in een versgebakken vleesbrood. De afdaling in de wonde is voor mensen zonder hoogtevrees. Bovendien zak je tot over je enkels weg in de lavasintels, zodat het een hilarische schuifpartij wordt, niet geheel vrij van schaafwonden voor wie zijn evenwicht verliest. 'Tarawera' wil zeggen 'Verbrande Pieken', een naam die pas na die 10de juni gegeven werd.

Elke eeuw kent zo haar catastrofe.

In 1931 was het de beurt aan Napier, een ontwapenend art deco-stadje in Hawke's Bay, aan de oostkust van het Noordeiland. Het was een mooie zomerochtend en mensen gingen naar hun werk,

Art deco in Napier

kinderen waren op weg naar hun klaslokalen. Ondertussen bouwde zich onder hun voeten een druk op, veroorzaakt door duizenden jaren wrijving tussen de Australische en de Pacifische Platen. Om 10 u 47 kon de breuklijn de druk niet meer de baas en schoot de ondergrond acht meter naar omhoog en zes meter zijwaarts. Twee lange minuten schudde Napier met een kracht van 7.9 op de schaal van Richter. Lang genoeg om alle gebouwen plat te leggen of zwaar te beschadigen. Meteen daarna ontstond een allesverterende brand waarbij de pijnbomen op de zeepromenade als enige gespaard bleven. Het idyllische stadje was van de kaart weggebrand. Ook andere steden in de buurt zoals Hastings, Gisborne en Wairoa waren getroffen, alleen werd het vuur daar snel geblust. In Napier was dat onmogelijk omdat de waterleiding verwoest was en de straten vol lagen met puin. Op deze vernietigende zomerdag stierven 256 mensen.

Gelukkig voor ons werd Napier in zijn oorspronkelijke staat hersteld. Het is er zalig toeven en niet alleen omdat het de plek is met het hoogst aantal zonne-uren van het Noordeiland. Omringd door wijngaarden, die voor schitterende wijnen zorgen, ligt het aan een zwart keienstrand. Exquise restaurants met uitnodigende terrassen,

De colonnade op de dijk

maken het plaatje compleet van een badplaats uit de twintiger jaren van vorige eeuw. Het goede nieuws is dat de breuklijn die het in 1931 voor beken hield, zich nu zo'n vijfduizend jaar zal gedeisd houden. Het slechte nieuws is dat er een twintigtal andere breuken liggen te wachten om op een of andere mooie ochtend niet langer de opgebouwde spanning te weerstaan.

Toen de hartverwarmende zussen *Te Pupu* en *Te Hoata* hun verkleumde broer te hulp snelden, hielden ze even halt om op adem te komen, zo'n vijftig kilometer van het land verwijderd. Daar ontstond natuurlijk een vulkaan als eiland of, zoals u wilt, een eiland dat vulkaan is, White Island. Sinds december 1976 is hij in een toestand van latente eruptie. De witte wolksliert die permanent ontsnapt en vanaf de kust zichtbaar is, bestaat uit een extreem scherp gas. White Island is het topje van een onderzeese vulkaan met de gezwavelde leeftijd van 200.000 jaar. Het doet mij iets, die wolkige pluim te zien opstijgen uit dat onmetelijke water. Alsof na het ineenstorten van de laatste beschaving toch nog een oude tempel overeind is gebleven waar priesteressen het vuur levend houden.

Rijke Japanners en Koreanen laten zich per helikopter overvliegen, landen op veilige afstand van de krater, doen een ommetje van welgeteld vijf minuten en laten zich terugvliegen, alweer ingedommeld waarschijnlijk. Ik besluit de boot te nemen. Vertrekhaven is Whakatane, aan de monding van de gelijknamige rivier. '*Whaka*' is een prefix en betekent 'in de richting van' en '*tane*' is 'man', naar de buitenaardse god Tane, die de mensheid schiep naar zijn beeld. '*Whakatane*' wil dus zeggen 'gelijk een man' en zoals bij alle Maoriplaatsnamen, schuilt er een geschiedenis achter.

Wairaka was de dochter van een hoofdman en zij besliste tegen alle regels in, haar hachje en dat van haar medepassagiers te redden, toen hun kano door de vloed gegrepen werd en dreigde te pletter te slaan. De mannen waren aan land gegaan en hadden hun vrouwen achtergelaten in de boot en aangezien het taboe was voor vrouwen

om met paddels en ander scheepsgerei om te gaan, zag het er slecht uit voor hen. Tot Wairaka schreeuwde: 'Ik zal zijn gelijk een man!' en het roer in handen nam. Spontaan gingen de vrouwen roeien. De mannen waren haar eeuwig dankbaar dat ze ontsnapt waren aan het weduwnaarschap en gaven haar de eer die haar toekwam.

De boottocht duurt anderhalf uur en de uitstap is volledig onder begeleiding. Voor het vertrek moet ik een formulier ondertekenen dat ik alle verantwoordelijkheid op mij neem wat er ook gebeure.

De rokende krater

Sinds 1967 wordt de hartenklop van de vulkaan nauwlettend in de gaten gehouden door wetenschappers. De kraterwand is onstabiel en bij afbrokkeling is er kans op een landverschuiving. De gaswolk kan zich opeens uitbreiden zodat het eiland er volledig door omhuld wordt. Op ongeveer een kilometer van de bruine rotsige kust stappen we over in een rubberboot die ons tenslotte aan land brengt. Tot driemaal toe biedt het begeleidende team ons de mogelijkheid om in de sloep te blijven, mochten we plotseling overvallen worden door een 'unheimlich' gevoel of we het risico wel de moeite waard vinden. Ik ben een vulkaanaanbidster, geen haar op mijn hoofd dat er ook maar aan denkt om nu af te haken, maar het komt wel behoorlijk intimiderend over. Niemand van de groep twijfelt en eindelijk zetten we onze eerste stappen op wat de Maan op Aarde blijkt te zijn. We krijgen een veiligheidshelm op en een gasmasker om de hals, voor het geval we bevangen zouden worden van de gassen. Eerst moeten we ons doorheen de resten werken van wat ooit een renderend zwavelfabriekje was, maar dat nu behoort tot de industriële archeologie. Wanneer ik het verhaal aanhoor tussen verroeste retorten en aangevreten leidingen, besef ik dat de

Machine uit de zwavelfabriek

waarschuwende taal bij het aanmeren niet als show bedoeld was om het allemaal spannender te maken, maar dat dit werkelijk een gevaarlijke plek is.

In 1826 ontdekte ene Henry Williams dat de zwavel hier voor 't rapen lag. Pas zestig jaar na datum begon men met de ontginning. Jammer genoeg was dat het jaar 1886, het jaar dat de Tarawera ontplofte en uit voorzorg werden alle activiteiten stilgelegd. Dertien jaar lang gebeurde er niets, dus hervatte men de werkzaamheden in 1898. Drie jaar later volgde dan de langverwachte uitbarsting en lag alles stil tot 1914. Deze keer duurde het nog geen drie maand. Door de eruptie stortte een van de kraterwanden in en dat veroorzaakte een lahar (modderstroom) die alle tien arbeiders doodde. De enige die 't overleefde was de kat.

Sindsdien ligt de site er verlaten bij, overgeleverd aan weer, wind en gassen. Niet alleen corrodeert alles, maar langzaam aan wordt alles bedekt en begraven door de uitgespuwde as. Het beton rot weg. Metaal delft het onderspit tegen de corrosie, terwijl rubber ze juist weerstaat. Ook het hout wordt niet aangetast, integendeel, het wordt prachtig bewaard.

Twee uur wandelen we in een desolaat, rokend landschap van donkerrode heuvels, doorsneden met zwavelstromen en verstikkende bronnen. De geur brengt me terug naar mijn puberteit toen ik een opkomende acne de kop indrukte met zwavelzeep. Zoals steeds ben ik de hekkensluiter van de groep; manueel fotograferen neemt nu eenmaal veel tijd in beslag. Kevin van het team vormt de achterhoede en wacht beleefd tot ik me weer in beweging zet. Er ontspint zich een gesprek, meer een vraag en antwoord eigenlijk.

'Wie gaf de naam aan dit eiland?'

'Cook! Hij was de eerste om het te benoemen.'

'De Maori zullen 't wel met een andere naam bedacht hebben?'

'Geen idee. Ze eisten het wel geregeld op omdat het heilig land is, maar zonder gevolg. Het bleef maar van eigenaar wisselen tot het in 1936 opgekocht werd door een zekere Buttle. Hij zag gelukkig meer de schoonheid dan het gewin en ik veronderstel ook dat hij 't opwindend vond om te kunnen vertellen dat hij eigenaar was van een vulkaan.'

'En vandaag behoort het aan het DOC (Department Of Conservation) zoals alle natuurparken?'

'Nee hoor, het is nog steeds privé-bezit van de Buttles, maar die doen niet moeilijk.'

'Hoe moet ik me 't leven van een zwavelwinner voorstellen? Hier aankomen op maandagochtend en vrijdagavond alweer vertrekken?'

'De werklui verbleven hier maanden achtereen. In het goede seizoen kwam er wekelijks een bevoorradingsschip uit Auckland. 's Winters blaast de ruige zuiderwind uit Antarctica en kwam het schip maar om de drie weken. Dan leefden ze op rijst die altijd in voorraad was en van de vis die ze ophaalden. Het was een hele bedoening om te vissen, want het bootje moest opgetakeld worden omdat het anders te pletter sloeg op de rotsen. Ook het grote schip kon alleen voor anker gaan op 300 meter van de kust, net zoals wij, vandaag.'

'Het zal wel vreselijk ongezond geweest zijn om hier te leven?'

'Het eruptiegevaar buiten beschouwing gelaten, is dit een prima plek om te wonen. Een ingenieur, Gilbert Gatland, verbleef hier ooit gedurende drie jaar en hij was genezen van zijn astma.'

'Waarom investeerde men zoveel in zwavel? Waarom riskeerden mannen hun leven op een levende vulkaan voor wat zeep en poeder?'

'Vanaf 1885 werd zwavel verwerkt tot kunstmest en dat was een zeer gewild artikel omdat alle inheemse wouden gerooid waren en men probeerde om vruchtbaar graasland te cultiveren. In de geneeskunde had zwavel zijn sporen verdiend als gezondheidstonicum tegen verkoudheid en werd het in sokken gestrooid tegen schimmel. Vissers en avonturiers wreven zwavelpoeder in wonden die maar niet wilden helen. Het zwavelerts werd geëxporteerd. Dat was nodig om rubber te vulkaniseren, om zwavelstokjes en later lucifers in te dopen en als onderdeel van munitie. Vermengd met kalk wordt het aangewend als fungicide op bijvoorbeeld druiven en gecombineerd met andere stoffen, wordt het verwerkt tot cement dat gebruikt wordt om metaal in beton te verankeren.'

'Ik ben onder de indruk.'

'Bovendien zijn er gradaties in puurheid. De zwavel van White Island heeft een zuiverheid van 90 procent.'

Een helikopter landt aan de overkant van de dieprode steenvallei. Vijf toeristen stappen uit en huppelen tot aan een dampend gat.

Stapelwolken boven de steenvallei

Boven ons houden stapelwolken een wedstrijd 'om het meest'. 'De wind komt gelukkig uit de goede richting', merkt Kevin op.
'Wat bedoel je?'
'Als hij vanuit het noorden zou blazen, zouden de gassen deze kant opkomen en blootgesteld aan de lucht, heeft zwaveldioxide een blekend effect.'
'Verlaat iedereen dan het eiland als blonde goden?'
Voor 't eerst lacht hij. 'Je kleding wordt gebleekt, afgewassen. Per dag ontsnapt 2600 ton koolstofdioxide en 400 ton zwaveldioxide uit de krater. De temperatuur van de gassen situeert zich ergens tussen de 100 en de 800 graden Celsius.'

'Wetten om het broeikaseffect af te remmen halen hier dus bakzeil?'

Zijn grijns gaat niet meer weg, nu. 'White Island ontgast zich al 16.000 jaar!'

'Waarom dragen die 'helitoeristen' helmen, als ze hier welgeteld vijf minuten rondlopen? Onderdeel van de show?'

'Tijdens een aardbeving, geen uitbarsting – dat weten we van tevoren en dan zouden we hier zeker niet lopen – worden er altijd brokken rots weggeslingerd. Dat is de functie van de helm.'

We zijn bij de krater beland en het mosterdkleurige meer ligt smeuïg en doodstil, als een giftig juweel, diep beneden ons. De kraterwanden zijn rozig, achter de rookkolom is het gesteente groengrijs en alles is zo kaal als Mars. 'Dit is een andere planeet... die kale hardheid...', mompel ik.

'Vergis je niet. In de buurt van de krater groeit er niets omdat de grond te zuur is, maar de buitenranden zijn begroeid met Pohutukawa's en de bodem is bedekt met ijsplanten. Verder gebruiken vijfduizend koppels jan-van-genten het eiland als broedplaats. Ze maken een dammetje in de zachte as en boorden dat af met zeewier: een perfect nest.'

Ik ken de *Pohutukawa*, ook wel Christmas Tree genoemd, omdat hij rond Kerstmis bloeit. Duizenden bloesems met miljoenen rode meeldraden doen de altijd groene boom exploderen in een bloed-rode wolk. Ook de ijsplant ken ik, met haar blad dat lijkt op een vet-tige grasspriet en haar witte bloemen die de beweging van de zon

Jan-van-genten

volgen. Ik ben gek op alle vogels maar de jan-van-genten hebben mijn hart gestolen. Hun zwarte oogopmaak komt recht uit het Egypte van de farao's en *Tane*, de Schepper, heeft in een zotte bui een eidooier boven op hun kop gekwakt. Ze zijn niet schuw en maken onhandige landingen waardoor ze aan de basis liggen van het spreekwoord 'plat op zijn bek gaan'. Ik zag ze op verscheidene lokaties in Nieuw-Zeeland en het zijn perfectionisten. Elk koppel heeft zijn vierkante meter, niet meer, niet minder. De platte rotsen waarop ze broeden, zijn omgetoverd tot nopjesdekens. Hun vlucht imponeert want ze heb-ben een vleugelwijdte van twee meter en vanaf een hoogte van der-tig meter duiken ze, tegen zo'n 145 km per uur het water in. Ver-der zijn ze monogaam, beide ouders voeden hun enige jong op.

Het volume van de witte gaspluim is opeens toegenomen maar aangezien er geen wind staat, gaat ze loodrecht naar boven. Ook Kevin staat geboeid te kijken. 'Elke verandering rapporteren we. Of het nu nieuwe fumaroles zijn of verse spleten of het niveau van de kratervloer dat anders is... alles is belangrijk omdat het een indica-tie is voor de beweging van het magma. Vijfmaal per jaar komen wetenschappers om de wijzigingen in het landschap te registreren.'

'Verandert er dan zoveel?'

'In juli 2000 was er geen kratermeer te zien omdat rode as van een eruptie het volledig bedolven had. Daarom hou ik zo van White Island; het ziet er telkens anders uit.'

Op de terugweg passeren we een verzameling zwavelbronnen en het merendeel van de groep zet zijn gasmasker op. Ik heb alleen maar jeugdherinneringen en niet eens slechte, want geel was mijn lievelingskleur en de zwavelgeur vond ik wel wat hebben. Net voor het inschepen zie ik een verwrongen boomstam liggen. Als een

Boomstam

roodbruine tors op zijn rechterzij, de oksel open en de linkerarm als een stomp opgeheven, doet hij mij denken aan een afgekalfd skelet dat het berekende risico verkeerd ingeschat heeft en die nacht de kat niet gevolgd is toen ze naar de andere kant van het eiland trok. Elke beschaving heeft zijn Herculaneum.

ZO HEET ALS DANTE

De ondergrondse route van *Te Pupu* en *Te Hoata* strekt zich uit over zo'n tweehonderd kilometer, van White Island over Rotorua en Taupo tot het park van Tongariro. Het is ronduit adembenemend, letterlijk soms, hoe het landschap zich gedraagt. Alles brobbelt, kookt, spuit, dampt en pruttelt op dit infernaal traject. Het is de vleesgeworden hel. Bernard Shaw schreef: '*Ik was aangenaam verrast om zo dicht bij Hades te kunnen komen, maar vooral ook dat ik er nog terug weg kon.*' De namen liegen er niet om... Hell's Gate, Inferno Crater, Devil's Home, Sulphur Cave, Devil's Bath, maar ook Artist's Palette, Champagne Pool, Rainbow Crater en Hidden Valley.

Het wonderlijkste park is *Wai-O-Tapu* (Heilig Water) met bijwijlen hallucinante kleurschakeringen: van turkooisblauw over mosgroen naar okergeel, oranje en vermiljoenrood. Hoe feller de kleur, hoe giftiger de chemische samenstelling. Een uitschuiver maken is hier levensgevaarlijk.

Naast het wandelpad

Antimoon, arsenicum, ijzeroxide, chloriet, silicaat, zwavel, goud, koper en kwiksulfide zijn de ingrediënten van deze oogstrelende en alles verterende cocktail. De hete bronnen onderscheiden zich in twee typen, die elk een andere activiteit aan de dag leggen.

Bij chloridebronnen, het eerste type, ligt het waterpeil direct onder de oppervlakte en wordt het neutrale water alkalisch door de confrontatie met gassen. Het water is helder, schommelt rond het kookpunt en bevat hoge zoutconcentraties van kiezelzuur (silicaat) en zoutzuur (chloride). Geisers zijn chloridebronnen en gedragen zich zoals champagne die ontkurkt wordt. Ze zijn te manipuleren. Zoals Lady Knox, de geiser aan de ingang van het park, die zich elke ochtend, klokslag 10 u 15, een zachte mannenhand laat welgevallen die gevuld is met wat zeeppoeder. Meer heeft ze niet nodig. In geen tijd spuit ze, tot groot jolijt van het publiek dat er in een amfitheater omheen zit, een kleine twintig meter de lucht in.

De sulfaatbronnen, het tweede type, bevatten veel zout van zwavelzuur en komen naar buiten als ploffende, bubbelende poelen en plassen. Het omringende gesteente wordt door de zure gassen tot klei en diepgrijze modder gekneed. De temperatuur kan hier oplopen tot 115° Celsius en verbindingen met aanwezige metalen zorgen voor die veelkleurige schilderspaletten. De zuiverste klei (kaolien) is ideaal voor porselein, gezichtsmaskers en schoonheidszeepjes.

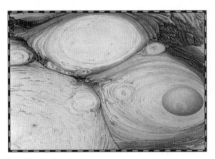
Modderpoel

In *Waimangu* (Zwart Water), ligt het grootste kokende meer ter wereld. De temperatuur van deze walmende heksenketel heeft een hoog saunagehalte: 80° Celsius. Het waterpeil rijst en daalt acht meter gedurende een 38-daagse cyclus en de verdamping bedraagt 100 à 125 liter per seconde. De stoom overdekt soms het hele park. De kokende en kolkende beekjes die eruit ontspringen, zijn begroeid met algen en op het wateroppervlak krioelt het van de schaatsenrijdertjes.

Het kokende meer

Waimangu is een jong vulkanisch gebied dat ontstond bij de uitbarsting van de Tarawera en het is nog altijd onderhevig aan veranderingen. In 1900 kwam er een geiser bij die geregeld 150 meter omhoogging en in 1903 een wereldrecord vestigde door een hoogte te halen van 480 meter. Jammer genoeg gingen ook vier toeristen mee de lucht in en nog geen jaar later hield hij het voor bekeken.

Rotorua (Dubbel Meer) is de stad van waaruit alle parken bezocht kunnen worden. Lang blijf ik er nooit, want de stank van rotte eieren heeft maar een korte charme. In het thermische dorp Whakarewarewa, aan de rand van de stad, kan je zien hoe Maori hun 'kookkunst' – what's in a name! – laten afhangen van de natuurkrachten.

Het rokende kerkhof

Maïskolven, eieren en *kumara*'s worden in netzakken ondergedompeld om er een paar tellen later etensklaar uit te komen. Voor wie zijn tolerantiegrens ten opzichte van hitte wil leren kennen, zijn er de Polynesische baden en voor wie suspens zoekt, is er het ongewone kerkhof. Elk graf heeft zijn eigen schoorsteen. Toen ik de witgekalkte rookpijpen voor 't eerst zag, dacht ik 'ha, een begraafplaats voor kettingrokers'. Om de lichamen uit de stomende aarde te houden, liggen ze bovengronds begraven en de buizen voeren de overtollige damp af. Anders zou het misschien naar meer ruiken dan alleen maar rotte eieren ...

Whakarewarewa is de naam van een oorlogsdans die hier ooit uitgevoerd werd rond de Pohutugeiser. De Maori waren kannibalen en tegenover de geiser ligt een perfect rond silicabassin, dat de 'brainpot' heet en waar de hoofden van gedode vijanden in gaar sudderden. 'Pohutu' betekent 'uiteenspatten', hoewel 'uitspatting' hier meer op zijn plaats zou zijn.

Verslaafd ben ik aan deze parken. Bij elk bezoek aan Nieuw-Zeeland ga ik erheen, terwijl de verzen van Dantes 'Divina Commedia' door mijn verhitte hoofd spoken.

'En ik die nauwlettend stond toe te zien,
zag bemodderde mensen in dat moeras,

allen naakt, en met een nijdig gezicht.'
Zuchten, geween en luide kreten van overledenen zijn er niet te
horen, wel een niet aflatend geplop, geplof, geblub en gesis. Minus-
cule gasbellen stijgen op en spatten stuk tegen het waterplafond.
'Ik wil dat gij voor zeker aanneemt,
dat onder 't water mensen zijn, die zuchten
en in 't water bellen naar boven doen borrelen.'
Ik waan me aan de oever van de Styx, die 'droeve beek aan de
voet van barse, grijze wanden' en verwacht elk moment Charons
sloep vanachter de nevelslierten. Ook de Maori kennen die nood-
lottige rivier, die de levenden van de doden scheidt, maar hun veer-
man is een vrouw, *Rohe*, Polynesisch voor 'grens'. De hele onderwereld trouwens is een vrouwenzaak. *Hine-Nui-Te-Po*, de Grote
Dame van de Nacht, zwaait er de scepter. Haar afmetingen zijn
reusachtig want de onderwereld is haar baarmoeder, die gevuld is
met de Waters van het Leven. Wie niet meer leeft, verdrinkt. Zoals
alle culturen, hebben de Maori ook een antiheld, een halfgod, Maui,
die sympathiseerde met de prille mensheid. Die had het erg lastig
om zich in stand te houden en dus hielp hij haar waar hij kon. Hij
was het die het vuur ontfutselde aan de goden en op Aarde bracht.
Tenslotte wilde hij de mensen het ultieme cadeau geven van de
onsterfelijkheid want doodgaan vond hij maar niks. En zo vatte hij
het vermetele plan op om *Hine-Nui-Te-Po* van kant te maken tijdens
haar slaap. Het werd helaas zijn laatste goede daad. Via haar vagina
klauterde hij naar binnen met de intentie haar hart op te eten om
dan langs haar mond weer 'boven water' te komen. Maar toen hij er
al tot over zijn schouders in zat, werkte hij dusdanig op de lachspieren van haar gezelschapsvogeltjes zodat die luid aan 't kwette-
ren sloegen. *Hine-Nui-Te-Po* werd wakker en had de juiste reflex: zij
klapte haar enorme dijen dicht en 't was afgelopen met Maui. Na
dit komisch, schrijnend incident was de dood onherroepelijk voor
elk wezen op deze planeet.
    Flanerend langs de poorten van de hel, is het onvermijdelijk dat
de gedachten uitwaaieren naar de vergankelijkheid van de materie en
de onsterfelijkheid van de ziel. Volgens de Maori heeft de ziel, na het
overlijden, drie mogelijkheden. Het meest voorkomend is dat de ziel
over land naar Cape Reinga reist, het noordelijkste puntje van het
Noordeiland en van daaruit de tocht naar het thuisland, Hawaïki

aanvat. '*Reinga*' betekent 'springplank' en het zal wel niet toevallig zijn dat die barre rotspunt, waar het altijd waait, zeer uitnodigend is voor een allerlaatste duik. Wanneer de cyclus van de ziel voltooid is – Maori geloven in reïncarnatie en zien het leven als een leerschool voor de ziel – gaat ze rechtstreeks naar de sterren, waar ze thuishoort. Van daaruit was ze ooit vertrokken om zich te storten in dat ongelooflijke avontuur dat 'menswording' heet. De derde mogelijkheid is niet meteen de leukste maar is dan ook voorbehouden aan hen die zich zéér slecht gedragen hebben. Zij worden doorverwezen naar het donkere rijk van Toke, de aardworm. En hoewel '*toke*' behalve 'worm' en 'lel' ook het woord is voor 'clitoris', hoeft men zich geen enkele illusie te maken. Men krijgt alleen grond voorgeschoteld en die grond zal men vreten totdat de ziel voldoende gereinigd is.

De onderwereld is even reëel als de dagelijkse realiteit. Eigenlijk bestaan beide werelden parallel aan elkaar. Maar de onderwereld is ook meer dan het dodenrijk; het is de ontmoetingsplaats van dromers en hun droompersonages. Wanneer men droomt over iemand, wordt gezegd dat de dromer en de gedroomde elkaar in zielstoestand hebben ontmoet. De Grote Dame van de Nacht is dan ook verantwoordelijk voor de droomwereld en elke informatie die via een droom geopenbaard wordt, is door haar gezonden.

Nieuw-Zeeland is in elk geval de ontmoetingsplaats van een onwaarschijnlijk mooie, overdonderende natuur met een onwaarschijnlijk rijke, fascinerende mythologie. Op deze eilanden zijn Dantes Inferno, Purgatorio en Paradiso verweven tot een kostbaar kleed van zeldzame schoonheid.

EEN REUS IN HET REGENWOUD

'Aa-o-tee-a-roo-a!' Andy spreekt het heel langzaam uit, opdat ik geen lettergreep zou missen. Ondertussen lachen zijn kleinkinderen zich te pletter op de matrassen waar we afgelopen nacht met zijn allen geslapen hebben. Andy is Maori en probeert me de Maoribenaming van deze eilanden diets te maken. Ik ben er met mijn hoofd niet echt bij. Daarvoor was de nachtrust te kort en te woelig, bovendien probeer ik een uitleg te vinden voor het droomvisioen dat ik vannacht met open ogen mocht aanschouwen.

'*Aotearoa*' dus, wat zoveel wil zeggen als 'een wolk, wit en lang'. Ik sta in de ochtendnevels en hoog boven me hangt een blauwe, wolkeloze hemel, omzoomd door metershoge bomen. Mosgordijnen wapperen van de hoogste takken naar beneden en in 't struikgewas verschuilen zich wilde zwijnen en opossums. Andy woont met zijn familie in een van de laatste stukken gematigd regenwoud op het Noordeiland en dat siert hem want het is moeilijk overleven.

Vroeger was het gehele eiland bedekt met *kauri, totara, miro*, om er enkele op te sommen, allemaal hardhout. De kolonisten zagen uitsluitend de waarde van het hout, bouwden er hun huizen en schepen mee en verscheepten het massaal naar Europa. Slechts enkele exemplaren ontsnapten aan deze 'dendrocide'. Hun gemiddelde lengte is vijftig meter, hun gemiddelde leeftijd is duizend jaar. Wanneer men oog in oog staat met zo'n woudreus, valt er altijd een gewijde stilte zoals bij een kathedraalbezoek.

Woudreus

Dit stuk regenwoud dat gespaard bleef van kaalslag is een beschermd natuurpark, het Urewera Nat. Park. Gisteravond ben ik hier toegekomen met mijn kompanen en pas na een anderhalf durend begroetingsritueel mochten we binnen. De ontvangst van gasten gebeurt op een *marae*, een uitgestrekt – dat is ook de vertaling van het woord – grasveld, dat als een beschermende bufferzone voor het voorouderhuis ligt.

Dit huis is niet bedoeld om in te wonen. Het is een 'gastenhuis' waar zowel de gasten als de gastheer met zijn clan zich te slapen leggen en het is een 'huis van ontmoeting' voor belangrijke bijeenkomsten van de clans. Elk voorouderhuis is, zoals de naam het zegt, opgedragen aan een voorouder en

Andy's voorouderhuis

wint generatie na generatie aan kracht. Het voorouderhuis van Andy's clan is opgedragen aan … *Hine-Nui-Te-Po*, de Grote Dame van de Nacht. Officieel ontvangen worden houdt dus heel wat rituelen en geplogenheden in. Om te beginnen mochten we niet verder komen dan een paar houten zitbanken aan de rand van de *marae* en moesten we een 'kapitein' aanstellen. Hij – het kan geen vrouw zijn – fungeert als spreekbuis en neemt de honneurs in ontvangst. Maori zijn gek op speechen en zingen. Het viel me op dat Andy veelvuldig en luid hoorbaar zijn keel schraapte en kuchte. Voor de Maori is dat een teken van beleefdheid, want op die manier bewijs je dat je niet zomaar uit je nek staat te kletsen, maar weloverwogen gedachten naar voren brengt. Andy riep ook zijn voorouders op om zich bij die van ons te vervoegen, zodat ook zij konden kennismaken. Na een klein uur over en weer speechen was het onze beurt om te zingen en 't mocht niet vrolijk klinken. We brachten zo goed en zo kwaad als 't kon een triest lied over slavenarbeid in de steenkoolmijnen. 'Ik werk in de groeve, in Zwartberg, in de mijn. Ge gaat het niet geloven, wat mijn verdiensten zijn. 'k Heb voor een brood nog zeven frank te weinig.' Aangezien we maar één strofe kenden, zongen we ze tweemaal. Andy knikte instemmend tijdens het lied, alsof hij de inhoud telepathisch doorkreeg. Na het deponeren van een geschenk – in ons geval een financiële bijdrage voor de overnachting – waren we aangeland bij de laatste fase, de *hongi* of 'neusdrukken'. Dit neuzeneuze heeft geen affectieve waarde en wordt vergezeld van een '*kia ora*' wat de begroeting is tussen mensen die elkaar al kennen. Pas nadat we de hele rij clanleden al neuzend waren langsgegaan, mochten we het voorouderhuis betreden, zonder schoeisel weliswaar. Gasten slapen altijd rechts van de ingang, de familie van de gastheer slaapt links. 'Hoe meer zielen, hoe meer vreugd' is een gezegde waar de Maori, zonder het te kennen, fervente aanhangers van zijn. Hoe meer familie ze kunnen optrommelen om de nacht met de gasten door te brengen, hoe meer eer ze die gasten betonen. Andy had er een twintigtal bijeengesprokkeld: van baby's tot stokoude ooms. Dankbaar dacht ik aan de oordoppen die ik altijd bij me heb, want ik zou ze nodig hebben.

En zo sta ik dus, 's ochtends heel vroeg, in het hart van een beschermd regenwoud, onder de indruk van de vreemde poëzie die van deze *marae* uitgaat, terwijl kinderen in koor '*Aotearoa*' gillen. Eén voor één komen de herinneringen aan de voorbije nacht weer boven. Hoe ik lag te slapen onder het waakzaam oog van gestorven clanleden, die als ingekaderde foto's de wanden sieren. Op de dwarsbalken zijn sterrentaferelen geschilderd die verhalen hoe zij vanuit de Pleïaden naar de Aarde kwamen. In alle culturen neemt het Zevengesternte een belangrijke plaats in, zo ook bij de Maori. '*Matariki*' heten ze, wat 'kleine oogjes' wil zeggen want zo ziet de cluster er uit aan het firmament. De zeven vrouwen, die doorgaans als zussen worden bestempeld, zijn hier een moeder met haar zes dochters. Toen Andy me vertelde dat zijn voorouders Pleïadiërs waren, ging mijn hart open en dacht ik 'eindelijk heb ik mijn volk gevonden', niet wetend wat ik die nacht zou meemaken. En zo komen eindelijk die ongelooflijke beelden terug op mijn netvlies die ik de voorbije nacht zag.

Ik zweef buiten mijn lichaam, naast het voorouderhuis en zie een van mijn kompanen terugkomen van het toilet. In zijn kielzog stapt doodgemoedereerd een reus van zo'n vijf meter hoog. Zijn lengte weet ik bij benadering want als hij voor het huis halt houdt, komt zijn hoofd op dezelfde hoogte als de nokbalk. Het is een maanloze nacht dus kan ik geen details onderscheiden behalve dat hij een kort lendendoek draagt en halflang haar heeft. Wanneer mijn kompaan de voordeur openschuift en binnenkomt, glijd ik terug in mijn lichaam. Ik kijk nu met mijn gewone ogen en zie een stukje van die enorme benen in de deuropening. Proestend val ik in slaap.

Na de nacht gezamenlijk doorgebracht te hebben, is het gebruikelijk om samen te ontbijten in een ander gebouw want in het voorouderhuis geldt een taboe op voedsel. Aan tafel vertel ik over mijn nachtelijk visioen. De bewuste kompaan die ging plassen, reageert uitbundig want hij voelt zich beschermd door een reus. Andy daarentegen wordt heel zwijgzaam en trekt zich in zichzelf terug. Ik begrijp zijn reactie niet en pas na een hele tijd durf ik te informeren naar het bestaan van reuzenlegendes bij de Maori. 'Alle volkeren hebben ze, waar ook ter wereld. Zelfs in België zijn reuzenstoeten. Niemand herinnert zich nog de oorsprong ervan – het is pure folklore geworden – maar ze zijn er wel.'

'Sorry voor mijn stilzwijgen, maar ik ben geschrokken. Ik had dit niet verwacht. Je overvalt me. Hier, in Urewera leven nog drie reuzen, niet in de derde dimensie natuurlijk. Ze gelden als de beschermers van het woud. Alleen kinderen en onze *tohunga* (sjamaan) kunnen hen zien.'

Oeps, mijn Pleïadenhart dat gisteravond al flink opengetrokken werd, zwaait nu helemaal open. Gisteren had ik Andy gevraagd of zijn clan nog een sjamaan had en hij had geen antwoord gegeven. Nu praat hij honderduit: 'De oude volkeren die hier al woonden, voor de komst van de Maori, waren reuzen. Fysiek waren ze heel sterk maar ze hadden geen wapens. Zij waren dan ook de grote verliezers.'

'Zijn er soms namen bekend of specifieke voorvallen?'

'Ja, de laatste exemplaren en dan spreken we over de 17de en de 18de eeuw, werden te boek gesteld. Ik denk aan Kawharu uit de tweede helft van de 17de eeuw en aan Kiharoa die rond 1800 gedood werd, gekookt en opgepeuzeld.'

'En zo werd de reus een bedreigd en ten slotte uitgestorven specimen?'

'De oude volkeren leven verder in onze genen. Niet alle Maori waren oorlogszuchtig en hebben zich vermengd met de Waitaha of Te Rapuwai. De huidige Maori zijn een mix van Polynesisch, Aziatisch, Europees en 'oud' bloed. De reuzen trokken zich terug in de vierde dimensie. Fysiek zijn ze uitgestorven, maar energetisch beschouwd zijn ze er nog.'

'Daarom dat de sjamaan hen ziet want die heeft de gave in andere dimensies te kunnen kijken en kleine kinderen hebben ook nog wat 'helder zicht' genoemd wordt.'

'En jij dus ook!'

'Niet echt. Het overvalt me, meestal in een toestand van halfslapen, half-waken. Verder heb ik er geen enkele controle over.'

'Ik zou je graag bij onze *tohunga* brengen. Hij zegt dat het een groot voordeel is dat de mensen sterfelijk zijn, want ze zijn sluw en ze kweken zoals de konijnen.'

'Wacht even; dat doet me denken aan een droom die ik had, vlak voor ik naar hier reisde. Zal ik hem vertellen?'

Het was een hilarische droom, in mijn eigen bed en ik werd schaterend wakker. Hier komt hij.

'Nee', hoor ik mezelf zeggen tegen twee dames, die tot de volksklasse behoren. Ik antwoord op hun vraag of beter gezegd, insinuatie versus mijzelf, betreft (geen) kinderen krijgen. 'Nee', herhaal ik en om mijn stand-

punt te verduidelijken, vertel ik ze het verhaal van het konijntje. 'Er was eens een god en die had op een mooie dag een mooi konijntje gemaakt. Hij was gek op 't beestje en vertroetelde het op alle mogelijke manieren. Ook het konijntje was gelukkig dat het zo bemind werd, tot het op een dag plotseling ging treuren. God was in alle staten want hij was niet van plan om de rest van zijn dagen met een triestig konijn door te brengen. Hij probeerde van alles om het op te vrolijken, maar niets hielp. Uiteindelijk vroeg hij het konijn op de man af wat er scheelde en met veel horten en stoten, en heel voorzichtig – het konijn wilde zijn schepper niet bekritiseren – kwam het eruit: het konijn was eenzaam! Het amuseerde zich wel met god maar voelde zich toch minderwaardig en afhankelijk. Eigenlijk verlangde het naar iemand op zijn niveau, die er minder verblindend uitzag dan god. Dus maakte god een tweede konijntje. Na een wederzijdse verkenningsperiode, raakten de twee konijnen zo op elkaar verslingerd, dat ze totaal geen aandacht meer schonken aan god. Die deed alsof zijn neus bloedde en verwachtte dat ze op een dag uitgespeeld zouden zijn en terug bij hem zouden komen. Maar toen gebeurde er iets heel vreemds: de twee konijnen bleken met meer en meer te zijn. Hoe dat kwam, was een raadsel. Ze waren niet meer uit elkaar te houden. En op een dag, lang nadat god met veel liefde zijn eerste konijntje geschapen had, werd het koninkrijk gods onder de voet gelopen door de konijnen.' De twee dames staren me met open mond aan. Hadden ze 't dan begrepen?

'Ik wil echt met jou naar de *tohunga*.'

'Oké, maar eerst gaan we naar 't festival.'

Toeval of niet, maar op amper twintig kilometer van de *marae*, is een tweejaarlijks Maorifestival aan de gang. Het is tijdens dit besloten festival dat mijn liefde ontluikt voor dit volk. Gedurende drie dagen leef ik gefascineerd mee en haal me de wrevel van mijn kompanen op de hals, die ik elke dag honderd kilometer heen en diezelfde honderd kilometer terug meesleur, want overnachten op de festivalweide is niet mogelijk en Andy's voorouderhuis ligt ondertussen ook vol.

Honderden Maori, van klein naar groot, treden op in traditionele klederdracht en dingen naar de titel van beste dans- en zanggroep. We zijn de enige blanken en het is wennen. Ik durf amper te fotograferen en mijn cameraman krijgt vervelende opmerkingen. Er wordt uitsluitend Polynesisch gesproken. De kinderen zijn fantastisch. Met overtuiging brengen ze de moeilijke dans- en zangpartijen. Hun rokjes kletteren bij elke beweging. Ze zijn gemaakt uit de opgerolde en gekookte bladeren van een yuccasoort, *flax* (Phormium Tenax) genaamd. De Maoribenaming is *harakeke* en het is een van de weinige inheemse planten die economisch iets te betekenen heeft. Met de scherpe, harde bladeren vlechten de vrouwen niet alleen dekmantels en rokjes maar ook matten, tassen, manden en sandalen. De taaie vezels zijn geschikt voor touwen en op kleine schaal worden ze tot papier verwerkt. Het slijm dat rond de wortels zit en uit de gekneusde bladeren loopt, is desinfecterend en wondhelend. In de rokjes worden horizontale strepen gebrand waardoor het geheel er decoratief uitziet.

Rond hun hals dragen ze amuletten, gemaakt uit jade, *pounamu*, de heilige steen van de Maori. Naast vishaken, spiralen, lemniscaten en miniatuurpeddels, is de meest voorkomende afbeelding die van *Hei-Tiki*. Hij was het eerste wezen op Aarde en kwam van de sterren. Hij was klein en dik, had uitpuilende vissenogen en zwemvliezen tussen de tenen. Deze buitenaardse Donald Duck had een agressief, koninklijk voorkomen, maar was een groot leraar. De amuletten worden elke generatie opnieuw doorgegeven en winnen alsmaar aan kracht. Het valt me op dat veel kinderen tijdens het wachten hun hand op hun amulet houden.

Hun gezichten zijn versierd met *Ta Moko*, de kunst van het tatoeëren. Spiralen, krullen en bogen zijn grof aangebracht met een afwasbare, zwarte viltstift. Vroeger ging het er wel een stuk pijnlijker aan toe, want het donkerblauwe sap van de *kauri*-boom werd met een puntig stuk jade in de huid geklopt. Alleen hoofdmannen (*rangatira*), priesters (*tohunga*) en krijgers (*toa*) lieten hun gezichten tatoeëren. Het patroon was tevens een soort identiteitskaart, want aan de hand ervan kon men stam, rang, huwelijk, geboorterecht en afkomst van moederskant aflezen. Het kon dus een heel leven in beslag nemen voordat het hele gezicht was getatoeëerd. Beide zijden van het gelaat werden los van elkaar en dus niet symmetrisch 'volgeschreven'. De allereerste tatoeage zag het daglicht in de donkerte van de onderwereld en hoe *Ta Moko* terechtkwam in de mensenwereld, is een zeer menselijk, nogal moraliserend verhaal.

Tama-Nui-a-Raki (Grote Zoon van de Hemel) raakt zijn vrouw kwijt aan een bezoeker. Als hij aan zijn kinderen vraagt waarom ze weggegaan is met die andere man, antwoorden ze hem 'omdat hij knap was'. Maori hadden geen spiegels dus was 't hem nooit opgevallen dat hijzelf 'lelijk' was. Na deze ontnuchterende vaststelling beslist hij zijn voorouders in de onderwereld om raad te vragen. Zij geven hem als oplossing voor zijn probleem een tatoeagebeurt, die verscheidene dagen in beslag neemt. *Tama-Nui-a-Raki* ligt meestal buiten bewustzijn van de pijn maar van zodra zijn wonden genezen zijn, gaat hij terug naar zijn dorp. Hij voelt zich het middelpunt van de wereld want niemand heeft ooit zoiets gezien. Zijn vrouw is de eerste die op hem verliefd wordt en pas na een hele tijd beseft ze wie hij is. Ze vraagt vergiffenis, komt terug naar huis en ze leefden nog lang en gelukkig.

Jongetjes tijdens het festival

Bij de hedendaagse Maori is er de tendens om zich opnieuw te laten tatoeëren in het gelaat. De koloniale 'kater' van inferioriteit lijkt uitgewerkt. Trots en zelfbewustzijn zijn in de plaats gekomen. Zo'n gezichtstatoeage trekt alle aandacht naar zich toe en als 't een mooie is – soms zijn ze helaas grof en amateuristisch aangebracht – raak je er niet op uitgekeken. Persoonlijk vind ik het erg aantrekkelijk en ik associeer het met meditatiepatronen die je opslokken als een draaikolk. Het is alsof de ziel van de getatoeëerde zich veruitwendigd heeft en van zijn gezicht af te lezen valt.

Ook hooggeplaatste vrouwen lieten zich tatoeëren. Alleen de kin, de lippen en de neusvleugels kwamen in aanmerking. Maorivrouwen zijn blijkbaar niet happig om met een gezichtstatoeage rond te lopen. Ik zag er niet één.

Wanneer we op de derde dag weer op weg gaan voor de meer dan twee uur durende tocht, ga ik op de achterbank liggen en probeer wat in te dommelen. Bij voorbaat mislukt mijn poging want de schokdempers zijn slecht en het is een bochtentraject, waardoor ik misselijk word. *Wanneer ik mijn ogen open om weer recht te gaan zitten, is hij er: de reus!*

Evocatie van de reus

Verstijfd blijf ik liggen en kijk naar zijn gezicht boven me want dat is het enige wat er te zien is. Ik kan nu alle details zien, die mij tijdens de maanloze nacht van onze eerste ontmoeting ontzegd waren. Zijn hele gezicht is getatoeëerd. Cirkels, lussen en spiralen ademen in zijn huid. Ik zie de poriestructuur en de zweetdruppels. Zijn donkerbruine ogen kijken erg zacht en vertrouwd. Eigenlijk zou dit behoorlijk beangstigend moeten zijn en ik ben dan ook opgelucht als zijn beeld langzaam verdwijnt. Ik ga rechtop zitten maar kan geen woord uitbrengen. Mijn kompanen komen dit nooit te weten.

Tijdens de laatste festivaldag worden er uitsluitend rugbymatchen gespeeld, terwijl de laureaten van de dans- en zangcompetitie worden bekendgemaakt. Een bepaalde match verloopt nogal heftig en een oude man met witte haren zegt tegen me dat de spelers afstevenen op 'urewera'. De naam van dit Urewera Park betekent immers 'verbrande voorhuid' en refereert naar het pijnlijke voorval van een hoofdman die tijdens zijn slaap het vuur inrolde en zijn edele delen verbrandde.

Het festival is afgelopen en een wolkbreuk spat boven onze hoofden open. De regen gutst over de weide. Wezenloos zie ik, een na een, de groepen wegtrekken, terug naar huis. Op het toppunt van mijn melancholie komt de 'chairman' van een groep op me af en vraagt me of ik hen niet op hun eigen *marae* wil komen filmen; dan geven ze speciaal voor mij een optreden! Deze groep was me direct opgevallen door de felheid waarmee de jongens zich tot bloedens toe krabden tijdens de oorlogsdans. Verbouwereerd beloof ik de 'chairman' langs te komen maar informeer toch nog of ook de groep achter dit voorstel staat. 'Als één man!' lacht hij.

NAAR HET BEGIN DER TIJDEN

De *tohunga* van Andy's clan heb ik nog altijd niet ontmoet. Ofwel was ik niet in de buurt ofwel was hij ziek. De paar gesprekken met Andy gaven me wel een zicht op de functies van deze duizendpoot. 'Vroeger was de *tohunga* tovenaar, astronoom, ziener, genezer, priester en medium.'

'Hij had dus zicht op het geheel, wat tegenwoordig 'holisme' genoemd wordt. Zijn kennis was niet zo versnipperd.'

'Zijn belangrijkste taak was inderdaad de heilige kennis te beschermen.'

'Wat moet ik daaronder verstaan?'

'De geschiedenis van de mensheid, van de planeet, het ontstaan van het universum...'

'Weten jullie dat allemaal?'

'Dat maakt deel uit van onze mythologie, *Korero o Nehera* (letterlijk 'Geschiedenis van de Oudste Tijden') en van onze genealogie, *Whakapapa*. Bij mijn clan worden die al 67 generaties lang doorgegeven.'

'Mondeling?'

'Ja. Er zijn wel boeken gepubliceerd over de mondelinge overlevering van andere stammen. In wezen vertellen we dezelfde verhalen. Alleen de details kunnen weleens verschillen.'

'Die verhalen wil ik wel horen.'

'Hoe lang blijf je? Een jaar?'

En zo neemt Andy me mee naar de oorsprong van alle geschiedenis, het Begin der Tijden.

'In den beginne was er het Niets, de Grote Leegte (*Te Kore*). Daarna volgde de Duisternis (*Te Po*). Die Duisternis kende drie facetten. Eerst en vooral *Te Po Nui*, De Grote Nacht, waarmee de omvang en de grootte van dit rijk werden aangeduid. Vervolgens *Te Po Roa*, De Lange Nacht, die de uitgestrektheid in tijd, de eeuwigheid symboliseerde. Ten slotte was er *Te Po Kitea*, De Nacht waarin Niets gezien wordt, in de betekenis van 'niet begrijpen' dus het onkenbare. Zowel de Grote Leegte als de Grote Duisternis creëerden zichzelf. Pas lang hierna, kwam het Rijk van het Licht, *Te Ao Marama.*'

'Mamara?'

'Neen, Ma-Ra-Ma.'

'Ik dacht even Mama-Ra, Moeder Zon, dus de Maan.'

'Wel, het verbaast me niet dat het uit jouw mond komt, maar we gebruiken het woord *'marama'* ook voor de Maan. En *Ra* is inderdaad de naam van de Zon.'

'Zoals bij de Egyptenaren?'

'Er zijn stammen die behoren tot Te Arawa, die vertellen dat ze in Egypte leefden met de goden en van daaruit naar hier zijn gekomen.'

'Ken je de origine van jouw clan?'

'Ja, wij komen uit Centraal-Azië en hebben de reis voltooid in vele etappen, verspreid over verscheidene generaties. Ken je de Ainoes van het Japanse eiland Hokkaido? Wij hebben dezelfde voorouders.'

'De Ainoes zijn altijd de leveranciers geweest van de sumoworstelaars: zwaarlijvig, haar in een knot en eigenlijk toch 'warriors'?'

'De parallellen zijn er zeker. Wil je nog weten hoe 't verder afliep met het universum?'

'Ik zwijg al.'

'De heiligste plaats in het universum heet *Rangiatea*, Helder Schitterende Hemel. Daar, op de top van de hemelladder – er zijn 12 hemelen – staat het Huis van Alle Kennis, *Matangi-Reia*, en woont *Io.* Dat is wie jullie 'God' noemen.'

'Hoe noemen jullie die dan?'

'Gewoon *Io.* Wij kennen de woorden 'god' en 'goddelijk' niet. Alles wat tot een hogere dimensie behoort, noemen we *'atua'* wat 't best vertaald wordt als 'bovennatuurlijk'. Je weet dat we geen idolen of afbeeldingen vereren zoals jullie. We sculpteren alleen de voorouders uit respect, want zonder hen zouden we hier nu niet rondlopen.'

'En wat is Io's functie?'

'*Io* is de bron van alles. Uit *Io* emaneert alles en naar *Io* keert uiteindelijk alles terug. Het universum is *Te Ao Hurihuri*, de Eeuwig

Veranderende Wereld. Het universum en dus ook *Io* evolueren non-stop.'

'Io komt dus in aanmerking voor wat in godsdiensten de "Allerhoogste" genoemd wordt, de "Ene Stralende" of "God". Eigenlijk zijn jullie monotheïstisch.'

'Sommige westerse bronnen beweren dat wij *Io* bedachten nadat de druk van de missionarissen om over te gaan op het monotheïsme zo groot werd dat wij voor een aanvaardbaar eigen verhaal kozen. De waarheid is dat alle kennis omtrent *Io* en de kosmische beginselen alleen gekend was door de hoogste priesterorde. Het waren deze *tohunga*'s die na overleg beslisten om hun geheime kennis mee te delen aan iedereen. Om te bewijzen dat wat die missionarissen beweerden, de Maori al veel langer wisten.'

'En hoe verliep het verder met Marama?'

Ogenblikkelijk word ik gecorrigeerd. '*Te Ao Marama*. Het symbool van het Lichtrijk is de spiraal, *takarangi*, wat wil zeggen "uit de hemel gevallen". Het woord geeft letterlijk de beweging van het Licht weer dat in een spiralerende duik op Aarde neerkwam. Het is ons heiligste symbool en je vindt het terug in ons houtsnijwerk en in onze tatoeages. Daarom is de varenplant zo heilig: haar opgerolde blad is de perfecte spiraal.'

Spiraalkoker van zeeslakje

'Ik heb gekrulde kokers van dode zeeslakjes gevonden op het strand. 't Zijn niet alleen spiralen maar ook wat de Oude Grieken de Gulden Snede noemden. Dat is een heilige afmeting waarmee tempels en kathedralen werden gebouwd.'

'Het is een goed voorteken dat je die gevonden hebt.'

Ik hoop het goed voorteken ongebroken thuis te krijgen want ze zijn erg fragiel. 'k Heb ze opgeborgen in de lege hoezen van mijn filmrolletjes. 'Ik veronderstel dat met het Licht ook het Leven ontstond?'

'Ja, maar niet zonder offer, een groot offer. Toen alles nog Duisternis was, vormde zich het eerste ouderpaar, *Papatuanaku* en

Ranginui, Moeder Aarde en Vader Hemel. *Papa* en *Rangi*, zoals we ze aanspreken, vormden één geheel, lagen verstrengeld. *Rangi* boven, *Papa* onder. Ze creëerden een nageslacht van zeventig kinderen, stuk voor stuk natuurkrachten, die dus in totale duisternis leefden, geprangd tussen hun ouders. Toen het Licht er aankwam, geraakte het met geen mogelijkheid tussen de lichamen. Stagnatie kan niet in het universum want dat is het tegendeel van evolutie, die de motor is. *Papa* en *Rangi* moesten kost wat kost van elkaar loskomen en dus werd naar een oplossing gezocht. Uiteindelijk werden *Rangi's* ledematen afgehakt en *Tane*, de oudste zoon, zette zijn voeten onder de hemel, liet bomen groeien om *Rangi* blijvend op afstand te houden. *Papa* werd omgedraaid, zodat ze niet meer in elkaars ogen konden zien. Eindelijk vond het Licht zijn weg en alles groeide, vermenigvuldigde zich.'

'Hartverscheurend verhaal. Het goddelijk ouderpaar, verminkt door hun nageslacht, dat de tol van de evolutie aanvaardt en zich in het lot schikt.'

'Aanvaarding neemt niet de pijn of het verdriet weg. Voor ons zijn *Rangi's* tranen regen geworden en het rood van de zonsondergang is zijn bloed. De ochtendnevels die opstijgen, zijn het bewijs van *Papa's* liefde.'

'En zoals het meestal gaat bij scheidingen, bleven de kinderen bij de moeder?'

'Ja, behalve één, *Tawhirimatea*, de Wind.'

'En toen werd het tijd voor de eerste mens?'

'Volgens mijn traditie was dat *Hine-Titama*, de eerste vrouw.'

'Ha, een vrouw! Logisch eigenlijk, anders was het bij die ene eenzame man gebleven.'

'Sommige stammen zeggen dat *Tiki* de eerstgeborene was, terwijl andere vertellen dat *Tiki* de eerste mens, een vrouw, gecreëerd heeft. *Tiki* is de seksuele energie. Eén stam beweert dat *Tiki* de naam was van *Tane's* penis.'

'Ja, dat is herkenbaar', denk ik, de lippen op elkaar geklemd, 'mannen die hun penis met een naam bedenken: Jeanke, Sjarel of Lowieke.'

Andy gaat onverstoorbaar verder. 'Alle leven op Aarde werd gezaaid door *Te Heketanga-a-Rangi*, Zij die uit de Hemel neerkwamen. "*Heke*" betekent ook "migreren".'

'En jouw groep migreerde dus vanuit de Pleïaden?'

'Ja, zoals je in het voorouderhuis gezien hebt.'

Het gesprek met Andy lijkt, eenmaal neergepend, op een vlotte dialoog maar dat was het dus niet. In werkelijkheid waren het gedachtesplinters, flarden van zinnen, met veel stiltes en pauzes. Ik gooide mijn vislijntje uit, telkens ik eventjes met hem alleen was en probeerde zoveel mogelijk binnen te halen. Andy wekte mijn interesse voor de Maorimythologie die zo essentieel en alomvattend leek. De jaren na onze eerste ontmoeting, verslond ik dan ook alle boeken die erover verschenen, met mijn Polynesisch woordenboek als vaste partner. Ik betrad een wonderlijke wereld die soms versmolt met de kwantummechanica (tenminste wat ik er als leek van begrijp) en soms gekopieerd leek van middeleeuwse sprookjes. De eeuwig knagende vraag 'wie ben ik, waar kom ik vandaan en waar ga ik naartoe', de ontreddering en de eenzaamheid verdwenen als de duisternis voor het licht. Ik begreep dat de mens een goddelijke, kosmische oorsprong heeft en dat er wel zoiets bestaat als een 'thuis'. En bijwijlen kwam ik pure poëzie tegen:

'Vanuit de hemel komen we, daarboven,
afstammelingen van de goden zijn we, uit het zenit.
Uit het grote zoeken komen we,
vanuit de onstoffelijke leegte, het vormloze niets.
Ooit waren we verbonden, zaten we vast
aan een vrouwelijke oerstreng.
Een steeds kleiner wordend, gekrompen dingetje werden we,
dat wegzonk in de oneindige zee van mogelijkheden.'

Andy had het over Te Ao Hurihuri, de Eeuwig Veranderende Wereld. Onwillekeurig maakte ik de associatie met het Engelse 'hurry hurry'. Snelheid in de verandering, verandering door snelheid. Over deze wereld, onze wereld, vond ik het volgende vers:

'Te Ao Hurihuri
is een rondtollende wereld,
een wereld die zich voortbeweegt,
in een terugkeer naar de plek van oorsprong,
als een ronddraaiend wiel met een spil van kracht.'

Het mythologiearchief van de Maori is uniek omdat het intact de 21ste eeuw gehaald heeft. In eerste instantie heeft dat te maken met het feit dat de Maori nooit een genocide hebben gekend. De gewapende conflicten en de ziekten waren niet van die aard dat ze hele stammen weggeveegd hebben en dus ook niet de *tohunga*'s, die de kennis bezaten. De tweede reden is dat ze hun 'huiswerk' om het zo maar te noemen, hun mondelinge overlevering, altijd braaf gemaakt hebben. In de negentiende eeuw kwam er interesse van enkele welmenende kolonisten die tezamen met de *tohunga*'s de oudste geschiedenis neerpenden.

Tot op vandaag wordt de orale traditie in stand gehouden want de Maori beweren dat het reciteren van de verhalen de Aarde beschermt en de stammen in leven houdt. Wanneer de mondelinge overlevering zou ophouden te bestaan, volgt er onvermijdelijk verval omdat de natuurlijke ordening uiteenvalt in chaos en de harmonie binnen de leefgemeenschappen verdwijnt. Elke genocide op een natuurvolk brengt mensheid en planeet dus dichter bij hun einde.

Het Noordeiland is voor de Maori *Te Ika-a-Maui*, de Vis van Maui. De held en halfgod Maui haalde het eiland uit het water als

Brievenbusvis

een gigantische pijlstaartrog. Zijn boot was het Zuideiland. Als ik de kaart bekijk, is de vorm inderdaad onmiskenbaar. De vissenstaart is het noordelijk schiereiland met als punt Cape Reinga; zijn twee vleugels zijn East Cape en het Taranakigebied en zijn kop ligt onderaan met Wellington als de neusgaten en Palliser Bay als de opengesperde mond. Het hart van de vis is niets meer of minder dan het Urewera Park, waar mijn hart zich opende voor de energie van deze eilanden en hun geschiedenis.

DE VOOROUDERS

'TAUMATAWHAKATANGIHANGAKOAUAUOTAMATEA-POKAIWHENUAKITANATAHU' staat er in grote zwarte letters op het vierkantige gele bord. Deze plek heeft zich een plaats veroverd in het Guinness Book of Records als de langste dorpsnaam ter

De langste dorpsnaam

wereld. Het dorp is allang verdwenen maar de naam werd aan de eeuwigheid geschonken. De vertaling luidt als volgt: '(dit is) De heuvelrug waar Tamatea, die het hele land afreisde, gewend was om op zijn fluit te spelen voor zijn geliefde.' Ik ben op weg naar Kawerau, waar de vriendelijke chairman en zijn dansgroep wonen, die mij uitgenodigd hebben. Kawerau ligt onder Whakatane, waar ik reeds was toen ik White Island bezocht, daarom heb ik besloten er met een grote boog naartoe te reizen, via de oostkust.

In de voetsporen van Tamatea, een voorouder en een van de eerste verkenners, beland ik in Porangahau. De weg loopt dood op het strand. Geen kat in Nieuw-Zeeland die dit dorp weet liggen. Bui-

'The Duke of Edinburgh'

ten het 'beroemde' bord met de langste dorpsnaam bestaat Porangahau uit een twintigtal huizen en een prachtig witgeschilderd, houten hotel uit 1882, 'The Duke of Edinburgh', tevens café en restaurant. Zoals de naam al laat vermoeden, zijn de uitbaters Schotten. In het café wordt een rugbymatch op tv uitgezonden: Argentinië/Nieuw-Zeeland.

De stamgasten staan recht aan de toog en drinken donker bier in halveliterglazen en de vrouwen zitten in de restaurantsruimte ernaast van Australische champagne te nippen. In beide kamers staat de tv loeihard en wanneer er gescoord wordt, stijgt een gehuil op uit alle kelen. Porangahau is een schoolvoorbeeld van een multiculturele samenleving: Schotten, Nieuw-Zeelanders en Maori wonen er in harmonie samen.

Het is dan ook niet verwonderlijk dat juist hier, een honderdtal mensen negen maanden hebben samengewerkt aan de bouw van een gigantische oorlogskano. De drijvende kracht achter dit ambitieus project was Peter, een warme mengeling van Schots, Iers en Italiaans bloed, maar bovenal Maori. Hij en alle anderen die deze 'waka' bouwden, wisten niet waaraan ze begonnen. Peter zucht diep: 'Niemand van de groep wist hoe we dit moesten aanpakken. We hebben historische naslagwerken gehaald en met het boekje in de hand zijn we eraan begonnen. Eerst en vooral moesten we geschikt hout vinden. Vroeger werd zo'n waka uit één enkele boom gemaakt, maar aangezien die woudreuzen er niet meer zijn, hadden we er drie nodig. Het ritueel om een boom uit te kiezen is niet veranderd, dus trokken we naar 't regenwoud en legden contact met de stam die er woonde.'

'Mag ik weten hoe dat ritueel verloopt of is dat geheim?'

In tegenstelling tot Andy is Peter goedlachs en schalks. 'Ik heb geen geheimen voor je, Ingrid! In vroegere tijden, ging de tohunga de juiste boom uitzoeken. Dat is het enige element dat bij ons anders was, wij hadden geen tohunga mee. De rest verliep volgens de traditie. Zodra de geschikte boom is gevonden, wordt toestemming gevraagd aan Tane, de Schepper. Dat gebeurt door 'chanting' en kan verschillende dagen duren. Daarna velt men de boom en plant men vijftien jonge zaailingen van dezelfde soort op die plaats. De boompjes worden verzorgd tot ze groot genoeg zijn om het alleen verder te doen. Je weet dat we nooit zomaar iets wegnemen uit het water of de wouden, zonder iets in de plaats te geven.'

'Ik ben jaloers op het Engelse 'chanting'. Als ik dat woord naar het Nederlands moet vertalen, heb ik een hele omschrijving nodig zoals 'recitatief zingen' of 'een melodie opdreunen' of 'ritmisch half-spreken, half-zingen'.'

'De 'chanting' vormt de basis van al onze ceremoniën. Sommige pakeha (blanken) noemen het bidden.'

'Aangezien jullie drie bomen nodig hadden, moest dat ritueel driemaal herhaald worden?'

'We hebben het bewust kort gehouden. 't Belangrijkste was de goedkeuring te hebben van de stam op wiens territorium de bomen zich bevonden. En ja, dat bleek wel iets problematischer dan we verwacht hadden.'

'Waren ze vijandig?'

Ondertussen zijn we aangekomen bij de kano en ik moet toch even naar adem happen want zo groot had ik hem niet verwacht.

De oorlogskano

Hij is 35 meter lang! De drie gebruikte bomen waren dus 35 meter hoog en zijn netjes aan elkaar gekleefd geworden met boomhars. Alleen touwen en houten tappen houden de boot samen. Geen enkele spijker, schroef of metalen verbinding kwam er aan te pas. Hij is volledig in 't rood geschilderd, op het zacht glooiende rondhout na dat over de hele lengte, vlak onder de zeeglijn loopt en zwart is. Op beide boegzijden zijn witte lijnen met hier en daar een krul geschilderd. Tussen het zwarte rondhout en de zeeglijn is er een brede gesculpteerde strook. Ook de voorplecht is volledig met houtsnijwerk versierd maar werd niet geverfd; men ziet de natuurlijke houtskleur. Peters handen gaan over de prachtig uitgewerkte figuren, waarvan de ogen ingelegd zijn met *paua*, regenboogschelp. Zijn hand stopt bij wat duidelijk herkenbaar is als een vliegtuigschroef. 'Wij waren met een Cessna naar 't woud gevlogen en hadden op de *marae* ceremonieën gehouden om onze goede bedoelingen aan de stam kenbaar te maken. We hadden toestemming gekregen om het woud in te trekken en naar geschikte bomen te zoeken. Maar we bleven langer dan verwacht en omdat er mist opzette, waren we verplicht in 't woud te overnachten. En toen gebeurde het: ons vliegtuig werd gewoon opgeblazen! 's Anderendaags vonden we 't in duizend stukjes uiteen.'

'Maar waarom?'

'Niet iedereen die in dat woud leefde, was op de hoogte van onze bedoelingen. We waren tenslotte alleen op de *marae* geweest om de belangrijkste clanleden te ontmoeten. Enkelen hadden ons vliegtuig zien staan, hadden ons zien zoeken en hadden verkeerde conclusies getrokken. We waren er echt op gekleed...rubberen laarzen, donkerblauwe overalls, petjes...'

'Ik begrijp het niet. Wie dachten ze dan dat jullie waren?'

'Wel, ze dachten dat we van de antidrugbrigade waren, op zoek naar verboden marihuanaplantages. Dus bliezen ze ons vliegtuig op!'

'Dat was wel een extreme reactie, niet?'

''t Was vooral vervelend omdat we daar vastzaten zonder transport. We mochten bovendien niet weg vooraleer de schuldigen gevonden waren en de afspraak gemaakt dat alles zou vergoed worden. Het was een enorm tijdverlies en we hadden al zo weinig tijd om de *waka* te maken.'

'Was er dan een dead-line?'

'Ja, hij moest zeewaardig zijn voor het festival in Waitangi op 6 februari. Dat festival is er elk jaar maar toen was 't juist 150 jaar geleden dat het verdrag tussen de Pakeha en de Maori werd ondertekend. Ofwel deden we mee ofwel moesten we 50 jaar wachten. Amper een jaar hadden we om onze droom te verwezenlijken. Maar het is ons gelukt. We werkten in ploegen van zeven uur 's morgens tot elf uur 's avonds.'

'Hij is niet alleen mooi maar kan dus ook echt varen?'

'Het was een onbeschrijflijk gevoel om hem op het water te zien tussen de andere *waka*'s. Er waren 22 grote oorlogskano's en ontelbare kleinere. De meesten waren via de zee naar Waitangi gekomen, maar anderen, zoals wij, hadden voor transport over land gekozen. Twee dagen zijn we onderweg geweest want we mochten alleen 's nachts rijden, voor de veiligheid.'

'Wat is de capaciteit van de *waka*?'

'In totaal kunnen er 150 mensen in, waarvan 88 roeiers en vier man aan 't roer.'

'Zal hij ooit nog varen?'

'Toen we hem bouwden, was er een groot plastic zeil over gespannen. Maar, zoals je ziet, staat hij nu in open lucht, onbeschermd. Er komen barsten in. Dat is in eerste instantie onze schuld omdat we niet gewacht hebben tot het hout droog was. Dat kan jaren duren en dat wilden we dus niet. Ik weet niet of hij nog ooit varen zal. Er is geen geld.'

'Welke houtsoort is het?'

'*Totara*.'

Ik klauter in de boot en kan alleen maar jaloers zijn op de gelukkigen die in Bay of Islands, waar Waitangi ligt, de zee getrotseerd hebben met deze fabelachtige *waka*. Peter roept me terug. 'Kijk, hier is de veer gesculpteerd waarmee het verdrag werd ondertekend. Deze fries vertelt de geschiedenis van de 35 Maoristammen en hun

De gesculpteerde veer

Het voorouderhuis

voorouders, maar gaat ook over het ontstaan van de *waka*.'

'Wat betekenen die witte gekrulde lijnen op de boeg?'

'Die staan symbool voor snelheid.'

De kano staat vlak bij het voorouderhuis van Porangahau en na alle *whare puni* (gastenhuizen) die ik gezien heb in Nieuw-Zeeland, kom ik tot de conclusie dat dit het allermooiste *whare* (huis) is. In tegenstelling tot alle andere waar de hoofdkleur rood is, is dit huis veelkleurig. Zowel gevel als voorportaal zijn zachtgeel en in de uitgesneden friezen worden zwart, wit en het onvermijdelijke rood, opgefleurd door groene toetsen. Rood is altijd een heilige kleur geweest voor de Maori. Rood wordt geassocieerd met een hoge status maar ook met de dood. Toen de Europeanen binnenstroomden, brachten ze rode menie het land in en hoewel bedoeld om er metaal mee te verven, viel de kleur zo in de smaak bij de Maori, dat ze meteen al hun houtwerk overschilderden. Voor het *whare* staan zitbanken en ik kan niet anders dan wegmijmeren. Hoewel ik er nog nooit was, moet ik alsmaar aan Siberië denken en ik verwacht elk moment een Siberische sjamaan in de deuropening te zien. Ik besef dat ook de oude Siberische volkeren beweren van de Pleïaden afkomstig te zijn, zoals de clan van Andy. 'Centraal-Azië en Nieuw-Zeeland vloeien samen op deze plek', denk ik wanneer Peter me uit mijn meditatie haalt. 'Zal ik je vertellen over de voorouders?'

'Ja, Peter.'

'De voorouders, *tipuna*, waren de eerst geschapenen, de prototypen van de mensheid. Ze zagen er dus iets anders uit dan wij. De meesten hadden maar zes vingers en zes tenen, anderen hadden een vogelbek of schubben. Er waren evenveel mannelijke als vrouwelijke voorouders. Het voorouderhuis is zelf een *tipuna*. De gevellijsten zijn de armen, de nokbalk is de ruggengraat en de daksparren zijn de ribben. Weet je, Nieuw-Zeeland was bevolkt met wonderlijke wezens die allen onze voorouders waren.'

'Ik denk dat ik er al een ontmoette in Urewera.' En ik vertel Peter over mijn twee ontmoetingen met de reus. Hij absorbeert elk woord van mijn verhaal en besluit: 'Vannacht is 't misschien de beurt aan een draak.'

En zo maak ik kennis met een onvervalste sprookjeswereld van feeën, draken, reptielen, monsters, vliegende mensen en blonde wezens.

Feeën waren *atua*, van goddelijke origine, maar toch een beetje ongewoon aangezien ze een lichaam hadden. Er waren zowel mannelijke als vrouwelijke feeën. Ze hadden een bleke huid en lang, lichtgekleurd haar. Hun activiteiten verschilden niet van de gewone sterveling maar zij aten alleen rauwe groenten en lieten zich niet tatoeëren. Ze waren bang voor vuur, ovens, stoom en gekookt voedsel en wilden onder geen beding bloed verliezen. Vanuit de hemel gekomen om met het mensenras kennis te maken, waren ze niet geheel gespeend van seksuele nieuwsgierigheid. Een van de woorden voor 'fee' is *'tahurangi'*, letterlijk 'hemelse geliefde'. Albinokinderen met hun bleke huid en witte haar werden beschouwd als verwekt door een feeënvader.

Peter is een geboren verteller en ik voel me weer het kleine meisje dat naar haar grootvader luistert, die ook een begenadigd verteller was. 'Een van onze eerste verkenners was Tukete en hij rapporteerde dat bij zijn aankomst het land bewoond was door feeën. Om menselijke kolonisatie mogelijk te maken, besloot hij hen te verdrijven en aangezien hij hun angst voor vuur kende, richtte hij overal rituele ovens op. Ze trokken zich terug in 't regenwoud, waar ze nog altijd zijn.'

'En draken? Ik heb iets met draken...'

'Draken heten *"taniwha"* en er zijn twee typen: die van de zeeën en die van de binnenwateren.'

Als alles goed ging, gedroegen de *taniwha* zich als waakhonden en waarschuwden ze voor vijanden in de buurt. Via telepathie communiceerden ze met de sjamaan en waarschuwden hem voor gevaar. De

Boomstam in de vorm van een draak

zeedraken hielpen bij het maken van vaargeulen en escorteerden schepen. Dat er af en toe mensen verorberd werden, had niet zozeer te maken met het feit dat draken fervente vleeseters waren, maar wel omdat ze niet met de nodige egards werden behandeld. Bij heroïsche gevechten tussen mensen en draken dolven de draken altijd het onderspit. De hobby van eenzame draken was 'vrouwen schaken' waarbij ze natuurlijk het hele dorp op hun nek kregen. De 'drakendoders' van hun kant moesten ook tegen een stoot kunnen. De *taniwha* trakteerde hen op verschroeiend hete urine, een krachtig zwiepende staart met vlijmscherpe kam, die zich door de opwinding rechtte en een gapende muil die zich pas sloot als de buit binnen was. Een van de geliefkoosde vermommingen van een zoetwaterdraak was een stuk hout, dat soms generaties lang in een bepaald gebied ronddobberde en zijn kracht demonstreerde door zich te verplaatsen tegen de golfslag en de wind in. Een verdrinkingsdood werd altijd in verband gebracht met de aanwezigheid van een *taniwha*. Er waren ook vliegende draken.

Ik herinner me een tekening in een voorouderhuis van een Maori, die hier aan land was gekomen op de rug van een walvis.

'Zeedraken en walvissen zijn eigenlijk hetzelfde?'

'Neen, absoluut niet. Sommige *iwi* (stammen) zeggen dat hun voorouder op de rug van een draak aanspoelde, andere dat het een walvis was. Draken zijn vleeseters, walvissen zijn dat niet. Ik veronderstel dat je al gehoord hebt over de Waitaha, het oudste volk hier? Zij hadden een speciale band met dolfijnen en walvissen omdat hun voorouder, de vrouw Irakau over alle zeezoogdieren heerste. Oorspronkelijk leefden die in de hemel, maar ze kwamen op Aarde terecht omdat hun Schepper een moord begaan had.'

'De gevallen engelen van de zee! In elk geval hebben zij geen stekels op hun rug zoals de draken.'

'Wij hebben nog een echte draak. Alleen heeft de evolutie haar gereduceerd tot een draakje van een halve meter groot. Ze heet '*tuatara*' wat 'doornige rug' betekent. Zij stamt uit de oertijd, zo'n 200 miljoen jaar geleden. Ze is uniek en wordt beschouwd als een levend fossiel.'

'De enige overlevende van een oude reptielenorde. Waarom maak je onderscheid tussen draken en reptielen? Is dat niet hetzelfde?'

'Voor ons Maori niet. De *tuatara* heeft minder warmte nodig dan hagedissen. Die zijn pas actief bij 24° Celsius. Zij neemt genoegen met 11° Celsius. Ze worden honderd jaar en ouder, door hun extreem trage stofwisseling. Heb je al ooit een *tuatara* zien ademen? Ik niet.'

'Hebben ze ook een derde, dichtgegroeid oog, zoals hagedissen?'

'Ja. Bij volwassen exemplaren is het niet meer te zien omdat het bedekt is met schubben.'

'Het is de pijnappelklier, die bij mensen volledig verkalkt onder de schedel zit, niet?'

'Bij de *tuatara* bevat die pijnappelklier nog een lens en een netvlies maar geen iris. De verbinding met de hersenen is zogoed als afgestorven. Voor de rest zijn zowel haar skelet als haar tanden visachtig. Vissen en draken stammen af van dezelfde vorouder.'

'Ze zijn allebei koudbloedig. Maar dat zijn reptielen ook.'

'Draken waren helpers, reptielen waren vijandig, gevaarlijk, slecht.'

Reptielen, *ngarara*, wilden per se geïntegreerd worden in de mensenmaatschappij, maar konden zelden hun vraatzucht bedwingen. Ook zij ontvoerden vrouwen. Heel uitzonderlijk was de *ngarara* vrouwelijk en ging ze aan de haal met een man. Op het Zuideiland leefde een reptiel dat *Te Ngarare-Huarau* heette, wat staat voor 'Het Reptiel met het talrijke Nageslacht'.

Monsters ten slotte waren afgrijselijk en te mijden. Zo leefde er ene Kopuwai, die een geschubd mannenlichaam had en een hondenkop. Hij was alleen geïnteresseerd in mensenvlees en maakte jacht op

Detail uit het voorouderhuis

mensen. En de mensen maakten op hun beurt jacht op hem en brachten hem om.

Als ik in mijn woordenboekje spiek onder *'ngarara'*, zie ik dat het nog meer betekenissen heeft dan 'reptiel' en 'monster', ook 'insect', 'bacterie' en 'virus' vallen er onder. Wanneer ik dan onder *'atua'* kijk, wat 'goddelijk' betekent, valt mijn mond open want naast 'unheimlich' en 'maan van de dertiende nacht', staat er ook 'virus'. Ik kan niet anders dan Peter onderbreken. 'Jullie hebben goede en slechte virussen!'

'Ha, ik zie wat je bedoelt. *"Atua"* betekent "bovennatuurlijk", waarmee de aard van iets wordt aangeduid. Dat heeft niets te maken met goed of kwaad. Ken je 't verhaal van de scheiding van Aarde en Hemel? Goed, onder leiding van Tane werden Papa en Rangi uit elkaar getrokken maar niet alle kinderen waren het daarmee eens. Een gedeelte van hen wilde dat het eeuwig nacht zou blijven. Vanaf de komst van het Licht trokken ze zich dan ook terug in de onderwereld, vol wrok en haat. Hun doel is de totale vernietiging van wat het Licht heeft voortgebracht en het herstellen van de oorspronkelijke staat van Duisternis. Hun strijd is nog altijd bezig...'

'Het woord voor "tatoeage" en "hagedis" is ook hetzelfde: *ta moko.*'

'De kunst van het tatoeëren komt uit de onderwereld, waar de reptielgoden, zoals jullie 't zouden noemen, wonen. Was dat een antwoord?'

'Had je ook geen engelen vernoemd?'

'Gevleugelde mensen. Of dat hetzelfde is als engelen, weet ik niet. Ben je niet geïnteresseerd in de blonde wezens die hier ooit rondliepen?'

'Heb ik een keus?'

'De *karitehe* leefden in de wouden van 't noorden. Ze waren blank en hadden blond haar. Onze bronnen zijn 't er niet over eens of het al dan niet feeën waren. Sommigen woonden in grotten en ze ontvoerden meisjes die in het bos vruchten en nectar kwamen verzamelen.'

'De 'bad guys' dus.'

'Niet noodzakelijk. De Nieuw-Zeelander is een rijke mengeling van al die volkeren.'

Ik kan het niet laten en zoek de woorden *'kari'* en *'tehe'* op, zonder dat Peter het in de gaten heeft. Maar dat had ik beter niet gedaan. Het eerste woord betekent 'tuin' en de vertaling van *'tehe'* is 'phallus'. Ik moet mijn lachspieren in bedwang houden want in mijn speelse brein huppelen bleke penissen met een stevige spiraalveer aan hun basis – de spiraal als heiligste symbool! – door de tuin van een meisjesschool. Misschien is dit wel een verborgen verhaal over hallucinogene paddestoelen, vermomd als Grote Stinkzwam (Phallus Impudicus), die onschuldige Roodkapjes visioenen bezorgen. Met bovenmenselijke – *atua* dus – inspanning probeer ik mijn gezicht terug in de plooi te krijgen. Het lukt. 'Wanneer ik naar je kijk, Peter, dan zie ik toch alleen maar een omvangrijke, warme Italiaanse oom met Maoritrekjes.'

'Als ik in Italië zou wonen, zou ik inderdaad de perfecte Italiaan zijn. Dat maakt het hele gedoe rond het Maori-zijn of de Nieuw-Zeelandse identiteit zo betrekkelijk. Er leven hier zoveel stammen, substammen, families die allemaal andere voorouders hebben en die zich met verscheidene Europese nationaliteiten vermengd hebben. Toon mij een echte Maori of een onvervalste Italiaan! Hier, in Nieuw-Zeeland gaat het om de combinatie van culturen en het samenleven van groepen, individuen in harmonie en vrede. Integratie is de sleutel.'

'Samen aan 't zelfde zeel trekken, zoals de ontdekkingsreizigers op hun zeilboten?'

'Ja, we zijn allemaal Nieuw-Zeelanders en zonder onze tradities te verloochenen, zijn we de *waka* die *Aotearoa* heet.'

Peter is opgestaan en leidt me naar de weg. Aan de overkant van de *marae* ligt het kerkhof.

'Ik ben gek op kerkhoven. Hoe wist je dat?'

'Ik wist dat niet, maar ik vond dit de geschikte plek om je over de gevleugelde mensen te vertellen.'

En zo hoor ik eindelijk mijn engelenverhaal.

In het Begin der Tijden, leefde er een gevleugeld mensenras. De stamvader van dit vliegend volkje heette *Whanau-Moana*, 'Geboren uit de Oceaan'. Tijdens een overtocht van het thuisland Hawaïki naar Nieuw-Zeeland werd een kind geboren. Aangezien men de nageboorte niet kon begraven zoals het hoorde, gooide men de placenta overboord. Die werd achteraf gevonden op het strand en bleek uitgegroeid tot een jongetje met vleugels. De vondeling werd grootgebracht en zorgde voor een gevleugeld nageslacht. Het was heel gewoon hen overdag te zien rondvliegen. Aanvankelijk hadden ze geen vaste woonplaats maar gaandeweg werden ze sedentair. Helaas stierven ze snel uit. De laatste van het ras verloor zijn vleugels nadat zijn – ongevleugelde – vrouw er met haar volle gewicht bovenop was gaan liggen tijdens de nacht.

Toeval of niet, op het kerkhof vind ik een treurende engel in marmer en iets verderop een moderne gedenksteen voor Henare Matua, gestorven op 7 september 1994, met het opschrift:

> 'Vergaar Kennis.
> Hou de Spirituele Kracht en Eigenheid van onze Cultuur levend.
> Leef in Harmonie met alles wat leeft.
> Laat dit onze dagelijkse uitdaging zijn voor de komende honderd jaar.'

De engel op het kerkhof

Na een tijdje ga ik zitten bij een kleine donkergrijze grafsteen, waar snoeren van kauri-schelpjes om een van de hoeken hangen. 'Kauri' is zowel de benaming voor de woudreus (Agathis Australis) als voor de porseleinslak (Cypraea Moneta), die gold als betaalmiddel. Peter komt naast me staan en vraagt me waarom ik bij dit graf ben gaan zitten. Ik blijf hem het antwoord schuldig. Het enige wat ik weet is dat hier een vrouw begraven ligt die Marguerita heette. Dat is een van mijn vijf geboortenamen, naar mijn geliefde grootmoeder. De eenvoudige, bijna kinderlijke opsmuk met de kaurischelpjes, doet me ook iets. 'Dit is het graf van mijn vrouw', zegt Peter tenslotte.

EEN KRIJGER VOOR DE NACHT

Nieuw-Zeeland heeft 18.200 kilometers kustlijn, waarvan 80 procent aan de open zee ligt. Strandwandelingen staan dus op het dagelijkse menu. Het langste en bekendste stuk strand is Ninety Mile Beach in het noordwesten. Wanneer je in Kaitaia het strand op loopt en je kijkt naar links, dan zie je strand, zee en duinen. Wanneer je daarna naar rechts kijkt, zie je strand, zee en duinen. Langer dan de Belgische kust, maar dan zonder bouwpromotoren, cement-baronnen of villakwekerijen in beschermd natuurgebied.

Er zijn blanke stranden van fijn, wit zand.

Er zijn diepgrijze stranden van vulkanische oorsprong en wanneer het regent, wordt de kleur donker, bijna zwart. Er zijn keien-stranden, rotsstranden, modderstranden.

Er zijn schone stranden, zo onberispelijk glad als een vers tafellaken, waar de wind je in de benen snijdt.

Er zijn chaotische stranden, zo onoverzichtelijk als een rommel-hok, waar je makkelijk een huis kan bouwen van het aangespoelde drijfhout.

Of het nu een strand is aan zee of aan één van de vele meren, je bent er hoogstwaarschijnlijk alleen. En dat is voor een West-Europeaan wonderbaarlijk...

Terwijl ik over het strand van Porangahau stap, denk ik weer aan de voorbije nacht. Ik droomde niet van een draak en kreeg ook geen bleke elf op bezoek. Het was een droomloze nacht en ik sliep als een baby. Bij het ontwaken voelde ik heel sterk een aanwezigheid, een oude beschermende energie, waardoor ik besliste om nog een nacht te blijven. En zo komt het dat ik hier, kop in de wind, loop uit te waaien. Roze zeeanemonen steken af tegen de donkere vloedlijn en aangespoelde schelpen zijn kalligrafisch aangevreten door een of andere worm. Een man komt voorbij in volle galop. Ruiter en paard worden herleid tot een bewegende zwarte stip aan de onscherpe einder en wanneer hij opnieuw langskomt, wuift hij naar me. Dit herhaalt zich twee keer. De man berijdt telkens een ander paard. Overmorgen is het Pasen en worden naar jaarlijkse gewoonte paardenkoersen gehouden op het strand.

Aangespoelde zeeanemonen

Na vier uur wandelgenot installeer ik me in de bar van 'The Duke of Edinburgh' en Annie, de roodharige uitbaatster, komt me even knuffelen. 'Fijne wandeling gehad? Niet te veel wind?'

''t Was zalig. Weet je, als je de tweede 'a' van Porangahau vervangt door een 'i', krijg je Porangihau en dat betekent 'zotte wind'.'
'Ik kan het altijd voorstellen aan de Maoriraad!'
Ik neem de krant door en stoot warempel op een hedendaagse drakensage. Werkzaamheden ter verbreding van Nieuw-Zeelands enige autosnelweg, tussen Auckland en Hamilton, werden gestaakt omwille van een *taniwha*. Karutahi (Eénoog) is haar naam en ze woont in een moeras langs de Waikatorivier. De verbreding van de weg houdt in dat een deel van het moeras drooggelegd wordt. Maori-oudsten lieten daarop hun stem horen, dat het niet aangewezen was om verder te werken zonder ritueel of toestemming van de cycloopdraak. Het stuk autoweg dat 18 km lang is, heeft een slechte reputatie. De laatste tien jaar zijn er meer dan dertig dodelijke verkeersslachtoffers gevallen. In het artikel wordt de vergelijking gemaakt met Feng Shui. Volgens deze Chinese filosofie zijn er bepaalde aspecten in het land die, eenmaal verstoord, tot problemen kunnen leiden. Men spreekt dan van 'de draak kwaad maken'. Bij de Maori bezit het land een geheugen en wanneer er traumatische voorvallen plaatsvinden, raken de energievelden van het land verwrongen met alle gevolgen van dien.

Een man, type dierenarts, buigt zich over mijn schouder en vraagt of ik veel schelpen geraapt heb. Hij is de ruiter die mij driemaal passeerde. Hij vraagt of hij bij me mag komen zitten en praat zoals hij rijdt, in volle galop. Hij spreekt met passie over Porangahau en beaamt dat hier een oude, sterke energie hangt. De Maori refereren er dikwijls aan. En dan maak ik een filosofische opmerking in de trant van 'wat er ook gebeure; er zal altijd wel een vrouw zijn die op 't strand schelpen raapt, terwijl een man op datzelfde strand zijn paarden berijdt'. Hij smelt helemaal weg, slikt en raakt mijn hand aan. Annie komt me te hulp met de mededeling dat mijn lunch klaar is. 'Dat ging goed, hé, met de penis?'
'Pardon?'
'We noemen hem de 'penis'. Zijn lid schijnt even groot te zijn als dat van zijn paarden.'
'Ha, echt?'
'Ga je gang, hij is vrij.'
'Zijn gezicht bevalt me niet echt.'
'Niemand houdt je tegen om het licht uit te knippen!'

En zo kom ik te weten dat deze eilanden te kampen hebben met een vrouwentekort. Een ontstellend groot aantal mannen geraakt vanzeleven niet aan een vrouw.

Terwijl ik eet, gaan de decibels in 't café langzaam maar zeker de hoogte in. Deze mensen spreken niet tegen elkaar, ze schreeuwen luid, érg luid. Zonder uitzondering zijn het schaapherders en zoals ze overdag in de groene heuvels hun kudden bijeenroepen, zo roepen ze 's avonds de nieuwtjes van de dag tegen elkaar. Gelukkig is het bier goedkoop en van een laag alcoholgehalte. En zij die getrouwd zijn, trakteren nog maar eens een rondje. Een vrouw komt me, met de laatste hap van mijn lunch nog in de mond, wegslepen richting café. Ik word voorgesteld aan het neefje van de familie. Naast schaapherder is hij ook professioneel polospeler. Op die manier heeft hij toch een stuk van de wereld gezien en wie weet een leuk meisje gevonden. Hij blijft maar naast me staan en spontaan begin ik met één hand zijn rug te masseren (dat is een van mijn hebbelijkheden waarvoor ik bekend ben, maar waar verder niets achter te zoeken valt). Wanneer ik mijn hand weghaal, wordt ze meteen vastgegrist en voor de rest van de avond niet meer losgelaten.

Die nacht breng ik een lichte verandering teweeg in de statistieken en kwijt mij van een van de betere werken van barmhartigheid. 's Ochtends breng ik hem naar zijn ouderlijk huis en hij verontschuldigt zich voor de rode pukkeltjes op zijn binnenarmen. De schapenvachten zitten vol met doornen, vandaar. 'Wanneer kom je terug naar Nieuw-Zeeland?'

'Binnen twee jaar, denk ik.'

'Dan zie ik je binnen twee jaar!'

Zijn familienaam is Hunter en hij woont met zijn ouders in de Hunterstraat. Het leven in Nieuw-Zeeland is soms van een verfrissende eenvoud.

De 'penis' legt andermaal beslag op mijn aandacht en houdt me tegen op de terugweg. Hoog gezeten op zijn paard, vraagt hij of ik naar de paardenkoers kom, morgen. Ik mag zijn eredame zijn. Ik maak dat ik wegkom want voor ik het weet, ben ik de mascotte van de lokale vrijgezellenclub.

De hele oostkust vanaf Gisborne over East Cape, die elke dag als een voorproever de eerste zonnestralen verwerkt, tot aan Whakatane, is doordrenkt van eenzaamheid. De ooit langste werf van Nieuw-

Zeeland, in Tolaga Bay, ligt er verlaten bij en wordt alleen nog gebruikt als visplatform. Ook de oudste Pohutukawaboom in Te Araroa, staat met zijn 22 stammen als een eenzame rots op het strand. De enige weg, route 35 voor de kenners (verwijzend naar route 66 in de VS), is zogoed als autovrij. Toeristen zijn onbekende materie. Dit gedeelte van het Noordeiland wordt bijna uitsluitend bewoond door Maori. Hikurangi (1754m) is hun heilige berg en er zijn talloze historische plaatsen waar de eerste verkenners met hun

De pinguïnkerk

catamaran aan land zijn gekomen. Fraai bewerkte omheiningen, totempalen en voorouderhuizen zijn hier in elk dorp te vinden. In Raukokore staat een witte houten kerk uit 1896, die naast de gelovigen ook toevlucht biedt aan een pinguïnfamilie in de kelder. Aan de kerkdeur wappert een papier met verontschuldigingen voor de stank. Maori-Rastafa zitten geconcentreerd in Hiruharama, de Polynesische vertaling van Jeruzalem. Of de religieuze aanwezigheid er voor iets tussen zit, weet ik niet, maar de andere benaming voor route 35 is 'the Highway to Heaven'.

Ik heb een afspraak met de dansgroep uit Kawerau, de dag en zelfs het uur liggen vast, dus kan ik niet lang verblijven in dit goed bewaarde geheim van het Noordeiland.

Wanneer ik de *marae* betreed in Kawerau, sta ik oog in oog met een dorp in zakformaat. Huisvrouwen, studenten (m/v), arbeiders (m/v), leerkrachten (m/v) en gepensioneerden staan keurig opgesteld, in traditionele outfit en met getatoeëerde gezichten. Het is een beeld dat nooit meer van mijn netvlies zal verdwijnen. Ze brengen een oorlogsdans die mij tezelfdertijd koude en warme rillingen bezorgt.

Maori hadden versterkte dorpen, *pa* genoemd, omringd door houten palissades. Deze beschutte nederzetttingen werden pas vijfhonderd jaar geleden opgericht omdat er, onder druk van de bevolkingsaangroei, meer en meer conflicten plaatsvonden. Wanneer een groep krijgers gesignaleerd werd, wist men nooit van tevoren wat de bedoelingen waren. Dus zond men een paar verkenners die de groep tot staan brachten door een intimiderende dans uit te voeren. Deze *'haka'* wordt nog steeds met overtuiging opgevoerd.

De *poi*-balletjes

Maori mogen alles doen wat ons als kind ten strengste verboden wordt: tong uitsteken, woeste grimassen en schunnige armbewegingen maken, met de ogen rollen en vieze keelgeluiden ten gehore brengen. Ook de vrouwen laten zich niet onbetuigd. Ze sperren de ogen wijd open en trekken daarbij de mondhoeken misprijzend naar beneden. Het attribuut van de mannen is de lange houten speer, terwijl de vrouwen elk twee balletjes van zeegras in wit doek verpakt, aan een touwtje rondzwaaien. Heel virtuoos wat ze met deze *poi*-balletjes uitrichten. Van ver lijkt het op een neerdalende en weer opdwarrelende sneeuwbui.

Tijdens de oorspronkelijke *haka*, telden de 'dansers' de vreemde manschappen. Eén van hen liep terug naar *'pa'* om verslag uit te brengen, terwijl de anderen de drijfveer van de vreemdelingen probeerden te weten te komen. Een eenvoudig middel daartoe was het deponeren van een varenblad op de grond. De groene twijg is een wereldwijd symbool voor goede bedoelingen. Raapte de tegenpartij het blad op, dan waren de intenties vreedzaam; werd het blad genegeerd, of erger, werd erop gespuwd, dan betekende het oorlog.

Een derde, tevens laatste 'warrior', heeft een varenblad op de grond gelegd en wacht op mijn reactie. De felheid van deze groep was mij al tijdens het festival in Urewera opgevallen, maar om ze nu samen op dit immense grasveld bezig te zien, slaat alles. Onder de indruk raap ik zwijgend het varenblad op. Let's make our peace. Ontspannen gaan ze op een rij staan en ik moet ze alle 35 'neusdrukkend' passeren. Ergens naar het einde toe kijk ik opeens in een paar bleekgroene ogen en de jonge eigenaar kust me gewoon op de mond. Het zou niet mijn laatste verrassing zijn in Kawerau.

Een 'warrior'

Elke pasgeboren jongen werd beschouwd als een nieuwe krijger. Maori voerden dikwijls oorlog als tijdverdrijf, als oefening en bewijs van kunde. 'Krijgskunst' in de echte betekenis van het woord. Vrouwen en kinderen werden erbuiten gehouden. Er werd gevochten tot er een winnende partij was. Daarna trouwden de overwinnaars massaal met de overwonnenen.

De Maori hebben een oorlogsgod, *Maru* – wat verdacht sterk lijkt op Mars – maar de grote boosdoener die verantwoordelijk geacht wordt voor alle kwaad, heet *Whiro*. Hij en zijn zonen creëerden anarchie en verwarring, veroorzaakten conflicten tot er openlijk gevochten werd. En zo kwamen jaloezie, moord, kannibalisme, zwarte magie, overspel, diefstal, leugens en oorlog onder de mensen. Sommige stammen vermelden dat het *Tu* was, die oorlog binnen de aardse realiteit bracht. Saignant detail is dat hij dan ook als Schepper van de eerste mens gezien wordt, wat het agressief karakter van de mensheid zou verklaren. '*Tu*' betekent 'opgericht' en wordt geassocieerd met assertiviteit, agressie en erectie. Heel bijzonder aan Tu was, dat hij de menselijke vorm had aangenomen. The devil in disguise. Oorlog was in elk geval een mannenzaak.

In het voorouderhuis, waar vrouwen nooit mogen speechen, wordt mij gevraagd luidop te spreken over mezelf en mijn land. Later, bij het avondmaal, herinnert de chairman, geflankeerd door de stamoudste, mij aan de oude Polynesische gewoonte – de ultieme vorm van gastvrijheid – om een krijger uit te kiezen voor de nacht. Ik meen pretlichtjes te zien in een paar bleekgroene ogen. Helaas, driewerf helaas (en dat meen ik), mijn binnenlandse vlucht is geboekt voor deze nacht.

KUNSTWAARDIGHEID

Voor de Maori 'gaan artistieke uitmuntendheid en menselijke waardigheid hand in hand': *'he toi whakairo, he mana tangata'*. Kunst is nooit louter functioneel en het is meer dan alleen maar schoonheid creëren. Kunst is het middel bij uitstek om het verleden aan het heden te linken en het heden aan de toekomst. In de weefkunst bijvoorbeeld schuilt de grote waarde in de continuïteit van de draden. Alle informatie zit in de patronen. De kunstenaar staat hoog in aanzien en het creëren van kunst is een heilige *(tapu)* taak. Alle

voorwerpen worden gemaakt vanuit een bezielde intentie waardoor ze in hoge mate bovennatuurlijke kracht *(mana)* bezitten. En zo zijn we beland bij twee hoogst intrigerende begrippen, *tapu* en *mana*.

Van het Polynesische *'tapu'* komt ons Nederlandse 'taboe'. *'Tapu'* betekent 'onder voorbehoud', 'verboden' en 'heilig'. Het geeft aan dat een persoon, plaats of voorwerp niet zomaar benaderd kan worden, maar dat er restricties en regels gelden die nauwkeurig dienen te worden opgevolgd. Zo niet komen er problemen die niet zelden eindigen met de dood. Het

'Tapu' en *'Mana'*

overtreden van *tapu*-regels wordt beschouwd als een misdaad.

Alles wat met het bovennatuurlijke te maken heeft, is uiteraard *tapu*, dus ook de sjamaan en alles wat hem toebehoort of wat hij aanraakt. De hoofdman is *tapu* maar bij hem heeft het meer een afschermende functie tegen ongewenste contacten. Het meest *tapu* van alles is het hoofd van de sjamaan. Vroeger werd zijn lichaam na zijn dood gemummificeerd. Het werd boven het vuur gehangen en gerookt. Via openingen kon het vocht eruit lopen en nadien werd het opgevuld met grassen, vezels en welriekende harsen. Soms werd alleen het hoofd op die manier bewaard, ook van leiders en leden van vooraanstaande families, zowel mannen als vrouwen. In heel Polynesië wordt het hoofd nog altijd als zeer *tapu* beschouwd.

Het huis is *tapu*. Dit heeft als gevolg dat gekookt voedsel noch klaargemaakt, noch gegeten mag worden in huis. Het regenwater dat van het dak afloopt, mag onder geen beding gedronken worden. Ook de hemel is *tapu* en aangezien die geassocieerd wordt met het mannelijke aspect – Ranginui/Vader Hemel – ligt het voor de hand dat heilige activiteiten door mannen uitgevoerd worden. Ter compensatie – de Polynesische cultuur is tenslotte matriarchaal – kan het taboe alleen opgeheven worden door een vrouw, de oude wijze vrouw, Te Ruahine. Zij wordt ingeschakeld bij vruchtbaarheidsrituelen en om huizen te 'ontheiligen' zodat ze bewoonbaar worden voor mensen. Meestal leeft ze alleen, teruggetrokken. '*Rua-hine*' betekent letterlijk 'twee-vrouw'. Deze 'dubbele vrouw' bezit buiten haar vrouw-zijn, ook de kennis om er afstand van te nemen.

Voor de westerse mens lijkt het verschrikkelijk zo gebonden te zijn aan *tapu*-regels, die niets met moraliteit te maken hebben; toch is er veel voor te zeggen. In hoeverre zijn wij ons nog bewust van het waarom van onze handelingen? Bij elke daad zouden we ons moeten afvragen wat de echte, onderliggende reden ervan is. Dit bewustwordingsproces zou waarschijnlijk resulteren in het afschaffen van beleefdheidsverplichtingen en het erkennen van opportunisme als drijfveer voor onze acties.

Het tweede begrip '*mana*', is nog boeiender. Ik hoorde het woord voor 't eerst op het Paaseiland, uit de mond van één der wijzen. Hij vertelde me dat het niet alleen mijn *mana* was dat me daarnaartoe gebracht had, maar ook dat het *mana* van 't eiland me geroepen had. Toen ik hem vroeg wat *mana* dan wel was, zei hij dat alles en iedereen het bezat, dat het onzichtbaar was en oneindig. 'Het Paaseiland', zei hij, 'kan alleen maar begrepen worden met het hart en door *mana*.'

Traditioneel betekent '*mana*' 'gezag', 'waardigheid' en 'prestige' maar op een hoger niveau van interpretatie krijgt het de betekenis van 'onzichtbare, bovennatuurlijke en bezielende kracht'. Het is de goddelijke bezieling in elk wezen, het zielsbewustzijn, de innerlijke, scheppende kracht. Alles wat doordrongen wordt van *mana* wordt stralend en heilig, ervaart vrede en behoudt in elke situatie kalmte en sereniteit. Volgens de Maori is het gros van de mensheid (en daar rekenen ze zichzelf ook bij) ingedommeld, waardoor hun *mana* zich in een soort van winterslaap bevindt. Maar zoals met alle sluimerende vermogens, is er soms maar een kleine vonk nodig om er zich opnieuw bewust van te worden. *Mana* is iets dat kan aangroeien maar het kan ook afzwakken. Naast persoonlijk *mana* is er het groeps-*mana*, dat verloren kan gaan door een oorlog te verliezen, gevangengenomen te worden (zelfs al word je achteraf bevrijd) of door met een incompetent leider opgescheept te zitten. Succesvol ondernemen daarentegen, zelfrespect, gastvrijheid, wilskracht en goed leiderschap, doen *mana* toenemen. Kunstenaars zijn *mana*-leveranciers bij uitstek want door hun werk vergroten zij het *mana* van hun leefgemeenschap. Het is de 'goddelijke inspiratie' die bezit neemt van de kunstenaar en aan de basis ligt van de sacraliteit van het kunstvoorwerp.

Het is beslist geen toeval dat Nieuw-Zeeland de verblijfplaats is van veel kunstenaars. Naast de ondertussen wereldberoemde Maori-

'De vlucht van de vogel'

snijkunst (in hout, been en jade) staat kunst in het algemeen bij alle bevolkingsgroepen in hoog aanzien. Een Maori-spreekwoord over kunst zegt: 'De vlucht van de vogel wordt mogelijk gemaakt door zijn veren', waarmee bedoeld wordt dat elke individuele kunstenaar nodig is om van de kunst die hoogvlieger te maken, die de ziel verheft.

In elke nederzetting, hoe klein ook, leeft wel een kunstenaarsgemeenschap en de ateliers kennen geen sluitingsdagen. Eigenzinnige kunstwerken tooien pleinen en straathoeken of staan gewoon in het landschap. Zoals veel reizigers, die zich moeite noch tijd gespaard hebben om Nieuw-Zeeland te leren kennen, voor de rest van hun dagen achtervolgd worden door een onbeschrijflijke heimwee naar deze eilanden, zo zijn er heel wat kunstenaars die na een expositie hier, blijven terugkomen en zich zelfs definitief vestigen. Het bekendste voorbeeld is de Oostenrijkse Hundertwasser, die bij zijn eerste tentoonstelling in 1973 een boerderij kocht in de Bay of Islands met 455 ha weiland erbij. Hij plantte zestigduizend verschillende boomsoorten, bouwde zijn eerste grasdakhuis, parkeerde zijn zeilschip in Opua en vroeg een permanente verblijfsvergunning aan. Hij raakte gefascineerd door de Maorikunst en zal zichzelf zeker herkend hebben in hun natuurfilosofie. Ooit schreef hij een tekst over de tuinkabouter en het stukje dat ik eruit licht, had evengoed uit Andy's of Peters mond kunnen komen.

'Lang voor ons christelijk wereldbeeld, lang voor de goden van de Romeinen en de Egyptenaren, lang voor onze geschiedschrijving bezat de mens de gave om met vogels, dieren, planten en bomen, ja zelfs met water, stenen en wolken te praten. Men begreep elkaar in een gemeenschappelijke taal. Zo staat het geschreven in de sprookjes. De tuinkabouter is, samen met elfen, watergeesten, gnomen, reuzen en de hele schaar van wonderfiguren, een overblijfsel uit die verre oertijd. De mens leeft bij gratie van zijn identiteit, van zijn herinnering aan de wortels van zijn bestaan. Tegenwoordig zijn we weliswaar erg 'snugger', maar we zijn de taal van de natuur verleerd.'

Tien jaar later ontwierp hij een vlag voor Nieuw-Zeeland, met de groene spiraal als embleem. In 1986 wapperden duizend vlaggen over het hele land en leverde hij op die manier zijn bijdrage tot de revival van de Maorimythologie. In een interview zei hij: 'Nieuw-Zeeland heeft een eigen symbool, een eigen vlag nodig. Dat symbool kan niet uit verre landen komen en verre sterren bevatten, die honderden landen ook opeisen. Het moet uit het land zelf komen, vanuit de bodem waarop we staan. Ik ken geen beter symbool dan het groene, onontloken, opgerolde blad van de *mamaku*, de varenboom. Ik heb deze *koru* (spiraal) niet uitgevonden De *koru* is er al sinds de oertijd, lang voor de Maori en de Europeanen naar dit land kwamen.'

Ik heb nooit de kans gehad om Hundertwasser te ontmoeten en nu is het te laat – hij stierf in 2000 – maar ik vermoed dat hij een zelfde soort aha-erlebnis meemaakte als ik had in het Urewera Park, toen hij geconfronteerd werd met het Maori-erfgoed.

In de buurt van zijn vroegere woning, in het dorp Kawakawa, zijn de openbare toiletten van zijn hand. In 't oog springend zijn de typische Hundertwasserzuilen met felgekleurde glazuurbekleding en het begroeide dak. Muren en vloeren zijn een artistiek allegaartje van verschillende typen stenen met ingewerkte flessen en in de vrouwentoiletten zou zelfs Piet Mondriaan met plezier zijn behoefte gedaan hebben. Er zijn twee ateliers die zijn kunst levend houden

Hundertwassers toilet

en waar je zuilen en toiletpotten kunt bestellen. Voor mij is Hundertwasser de speelse meester van de vrouwelijke lijn. Scherpe hoeken, snedige vlakken, torenspitsen als pijlen zijn taboe, in de betekenis van 'not done'. Alles deint op en neer in een kleurrijke oerstroom die uitwaaiert in ronde vormen, spiralen. Als kunstenaar wilde hij zich 'bevrijden van de universele bluf van de westerse beschaving' en werd hij overtuigd ecologist. Eén van zijn heerlijke slogans was 'laat alles overwoekeren!'. Altijd was er die humor. Zo had hij een lift voorzien in zijn flat-weide-huis, om de koeien naar de bovenste verdieping te kunnen brengen zodat ze op het dak konden grazen. Zijn humustoilet dat in 't midden van de woonkamer kan worden geïnstalleerd, om zoals bij de koningen 'royaal te kunnen schijten', heb ik geregeld uitgetest in logementen (niet in de woonkamer weliswaar maar in een apart huisje). Als ik me ooit een broer gewenst had, dan zou het Friedrich Stowasser, alias Friedensreich Hundertwasser, geweest zijn.

Volgens de Maori is alles bezield. Gemakshalve wordt dit door westerse professoren afgedaan als 'animisme', wat beschouwd wordt als de laagste tree van de godsdienstige ladder. Katholicisme is waarschijnlijk de hoogste trap van diezelfde ladder. Animisme heeft niets te maken met religie. Natuurvolkeren erkennen de kosmische, bovennatuurlijke energie in alles. Die scheppende kracht, dat *mana*, wordt geëerd, zelfs in wat de westerse denkwereld catalogeert onder 'dode' voorwerpen. Ik beschouw nergens ter wereld een steen zomaar als een steen, maar in Nieuw-Zeeland doe ik dat zeker niet.

De meest *tapu* steen is de *pounamu*, de jade. Dit harde halfedelgesteente is een nefrietmineraal en kent vele kleurschakeringen. De drie geprefereerde variëteiten gaan van parelwit en bleekgroen over olijfgroen met romige wolkstructuren naar donkergroen met vlekken en spikkels. De prachtige juwelen worden geëtaleerd met een lichtje erachter want op zijn best heeft hij een warme transparantie. Daarom wordt het woord *'pounamu'* ook gebruikt voor 'fles' en 'glaswerk'. De jade bevindt zich in het hart van ronde keien die men in de rivierbeddingen aantreft van het Zuideiland. De Maoribenaming voor het Zuideiland is dan ook *'Te Wai Pounamu'*, 'Het Jade-Water'.

Vindplaats van jade

Volgens hun mythologie was de jade in oorsprong een vis, *Poutini*, die als huisdier gehouden werd in het thuisland Hawaïki. Wat zijn drijfveren waren, zullen we nooit weten, maar op een dag vertrok hij met de noorderzon en zwom het hele eind naar Nieuw-Zeeland. Eenmaal hij op de juiste plek aangekomen was, versteende hij. Nu nog spreekt men over jade gaan 'vissen' wanneer men er op zoek naar gaat. Sjamanen slikten soms een *tapu* steen in en droegen die in hun lichaam mee tot hun laatste dag. Op hun sterfbed hoestten ze hem weer uit om hem aan hun opvolger te kunnen doorgeven. Ook studenten hielden heilige keien in hun mond als magisch hulpmiddel bij het memoriseren van de mondelinge overlevering.

Ik ben een strandjutter. Mijn jeugd bracht ik door op een boog-scheut van het strand en geen enkel wenteltrapje, vogelskelet, krabbenpoot of aangespoeld wrakhout ontsnapte aan mijn verza-meldrang. Ik 'jut' nog steeds. Overal ter wereld. Eigenlijk is de grens tussen 'jutten' en 'jatten' miniem en niet alleen op taalkun-dig gebied. Mijn 'jutten' is ook niet strandgebonden. Ik doe het gewoon overal. Toch neem ik alleen die stenen, schelpen, beende-ren en andere parafernalia mee als ze een appèl op me doen, mijn innerlijke snaar op de een of andere manier beroeren. Het is me meermaals overkomen dat ik 's ochtends vroeg vertrok om een daglange wandeling te maken, maar dat ik voortdurend tegenge-houden werd omdat een stuk hout of een steen me 'riep'. Zelfs al ligt er een hoop bijeen, altijd ga ik recht op het bewuste voorwerp af, ik hoef niet te zoeken. Al ligt het half begraven in het zand, zon-der aarzelen haal ik het te voorschijn. Op het strand van Karamea was het zo erg dat ik om de tien stappen moest stoppen en ik kwaad werd omdat ik niet kon doorwandelen. Negeren is onmogelijk. Wanneer ik toch doorloop, is het alsof een koord rond mijn middel geslagen wordt en ik teruggetrokken word. Ik pruttel nooit meer tegen en ga altijd braaf kijken naar wat me geroepen heeft. De meeste stukken neem ik mee en fotografeer ik ter plekke. Zoals beroepsfotografen een fotogalerij aanleggen met portretten en op die manier de mensheid tonen in haar diversiteit, zo heb ik een aardige collectie close-ups bijeengesprokkeld van steen en hout. Ik voel me de antropoloog van deze stille wereld die door mensen als 'dood' bestempeld wordt.

Elk voorwerp, of het nu natuurlijk is of geconcipieerd, bevat een sjamanistische energie, oude informatie. Het drijfhout heeft de lange weg afgelegd van zaadje tot volwassen boom, die om een of andere reden, al dan niet door menselijke tussenkomst, in zee terechtkwam. Na tijden spoelt het dan aan, soms op de kust van het thuisland, soms op verre, vreemde stranden. Wat een verhalen heeft dat gepolijst stuk niet te vertellen! Of die steen, die wie weet, de geboorte van de planeet meemaakte en na miljoenen jaren van erupties, overstromingen, ijstijden, stormen en hemels vuur, daar op je pad ligt te mijmeren. Ontmoetingen vol wijsheid zijn het.

Het is mijn bescheiden mening dat alles in de natuur aanwezig is en dat wij, als buitenstaander en observator, alleen maar kunnen registreren, op foto vastleggen, met woorden beschrijven, hoogstens iets aan de schikking kunnen veranderen of er eventueel iets aan toevoegen, en voor de rest ootmoedig moeten bekennen dat de natuur ons voor is geweest.

Het is zeer verleidelijk voor de creatieve geest om wat aangespoeld ligt, te betrekken bij de persoonlijke denkwereld, dat kleurrijke venster waardoor we naar de dingen kijken. Bijwijlen surrealistisch, altijd mythisch en toch tastbaar. En zo ontstaan verhalen, die fantastische, absurde verhalen en krijgen de voorwerpen een naam. Graag had ik jullie deelachtig gemaakt aan wat er in mijn hoofd opborrelde, na de zoveelste ontdekking.

Op het vulkanische strand van Kaikoura lag een witgepolijste stok en hij was perfect zoals ik hem vond. Zijn oppervlak was streelzacht, zonder één hapering. Zijn lengte was ideaal om als staf te gebruiken, onderaan mooi eindigend in een punt en bovenaan met een comfortabel 'ezelsoor' om je hand op te laten rusten. Het zeewier dat ik eromheen draaide, was zwierig, eindigde in een weerhaak als een halve duivelsstaart, en was geel als zwavel. Een betere

Merlijns Staf

Arthurs Masker

Thomas

stok had Merlijn zich niet kunnen wensen, dus ondertitelde ik de foto met 'Merlijns Staf'.

Op hetzelfde strand vond ik een schapenbekken, waarvan ik eerst dacht dat het een vissenschedel was. Door de grote oogopeningen en de rechte vorm associeerde ik het met een koningsmasker, een gevechtshelm. Toen ik het opvulde met vers zeewier, was het masker van koning Arthur aangespoeld...

Nog altijd in Kaikoura, zag ik een vreemd poppenkopje uit het zand uitsteken en ik schreef de volgende tekst: 'Zijn mondje zat vol zand. Al eeuwen. Toen ik het eruit peuterde met mijn lange pinknagel, kwamen de verhalen vrij. Als een stevige zuidwester sloegen ze mij om de oren en vulden mij als een lege snoepzak.' Ik gaf hem een naam: Thomas.

Het toppunt is natuurlijk als één van die verzinsels achteraf blijkt te kloppen met de echte mythologie. Het overkwam mij met het verhaal dat ik had gebreid rond drie stokken, die ik los van elkaar, gevonden had. Ik noemde ze 'de Stemvork, de Vogelkop en de Vinger Gods' en promoveerde hen tot magiërs, die in de oertijden over deze eilanden rondgelopen hadden. Mijn laatste zin luidde: 'Op het strand van Otatara, op het Zuideiland, kwam ik ze tegen, drie magiërs uit de oude tijden. Ze legden hun ruzies bij en bereidwillig poseerden

De drie magiërs

ze voor me.' De Maorilegende gaat als volgt: 'Een van de eerste bewoners in dit gedeelte van de wereld, waren *Te Kahui Tipua*, 'De Bovennatuurlijke Compagnie'. Overal waren ze al geweest, maar 't beviel hen nergens, dus trokken ze verder. Wandelend over het water kwamen ze uiteindelijk aan in Nieuw-Zeeland. Ze vestigden zich op het Zuideiland, ver genoeg van elkaar want overeenkomen deden ze niet. Eén van hen was een reptiel met een mensenhoofd, een ander was een mens met een hondenkop, de derde zag eruit als een groteske vogel.'

In Punakaiki drapeerde ik reuzenwieren over een lage rotswand en het was alsof de lange, donkere haren van een badende vrouw wulps over de rand tot op de grond golfden. 'Cleopatra's Bad' was geboren en toen ik iets verderop een houten zeil-

Cleopatra's Bad

bootje vond, stond het in het hout geschreven dat Egyptenaren en Feniciërs onder eenzelfde zeil – of moet ik zeggen 'ziel' – naar deze eilanden van het Licht waren gekomen. Het licht is hier overweldigend, intens. Technisch gesproken wil dat zeggen dat ik het diafragma van mijn fototoestel zo goed als dicht moet draaien om een zo kort mogelijke sluitertijd te bekomen. Ik werk uitsluitend met 100 ASA films en in gedachten zwans ik altijd over de 'Schaal van Lichter' als eenheidsmaat. Belangrijke protagonisten in dat lichtspel zijn de wolken. Hadden de Italiaanse renaissanceschilders Nieuw-Zeeland weten liggen, dan waren ze hiernaartoe gereisd en niet naar Vlaanderen, om hun luchten te schilderen. Het is dit licht in de overtreffende trap en het zijn die wolkenformaties door het licht bespeeld, die zo'n aantrekkingskracht uitoefenen op kunstenaars.

Elk strand heeft zijn specialiteit. Zo is Porangahau de enige plek waar schelpjes aanspoelen die zodanig aangevreten zijn dat hun buitenkant eruitziet als Arabische kalligrafie. De spiraalvormige kokers van zeeslakken waarover ik met Andy sprak, zijn alleen te vinden in Karekare, het strand waar 'The Piano' gefilmd werd. Gillespie's Beach wordt gekenmerkt door de kleur oranje. Keien, schelpen, zelfs houtschimmels die als mangoschijven in het zand liggen: het is allemaal oranje. Drijfhout van rode beuk, die je abusievelijk voor mahonie slijt, is in grote hoeveelheid te vinden op Gentle Annie's Beach, aan de Mokihinuirivier. Okarito Lagoon ten slotte verraste mij met donkergrijze keien waarin witte marmeraders rechte lijnen trokken en kruispunten vormden. Ogenblikkelijk associeerde ik dit patroon met Polynesische stokkaarten. Gemaakt van fijne samengebonden takjes gaven ze de golfstromen weer van de Grote Oceaan. Eilanden werden aangeduid met kauri-schelpen. Deze golfnavigatie was in elk geval voldoende om kleine afstanden tussen de vele eilanden af te leggen.

De grootste keien van Nieuw-Zeeland kan je vinden op het Moerakistrand. De lokatie doet me altijd denken aan de Efteling, alsof men gecementeerde ballen heeft neergelegd met bijbehorend

De Moeraki Boulders

verhaal van een aangespoelde familie, de familie Bol, die hier ligt te zonnen en voortdurend ruzie maakt. Je bent geneigd te denken dat ze vanuit de zee het strand opgerold zijn, maar dat is onjuist. Ze zitten in het land en komen vrij naargelang de zee de kust afkalft. Ik noem ze 'Pleiocene Parels' want in die oertijd situeert zich hun ontstaan. Zestig miljoen jaar geleden, groeide de modderlaag van de oceaan gestaag aan en raakten schelpjes en andere karkassen van zeediertjes begraven. In het natte sediment vormden zich kristallen rond dat 'afval' en zoals bij een parel, groeide de calcietafzetting aan. De kleinste bollen, minder dan een halve meter doorsnee, hebben er 120.000 jaar over gedaan om volgroeid te raken. De grootste, en dan hebben we 't over een diameter van meer dan twee meter, hadden er vier miljoen jaar voor nodig. Deze bejaarde familie werd tezamen met de zeebodem opgetild, zo'n 15 miljoen jaar geleden, en kwam op het droge te liggen. En toen begon de erosie van het land en één voor één rolden ze 't strand op. Bij hoogtij liggen ze dromend in het schuim van de branding. Hundertwasser zei ooit: *'Als iemand in zijn eentje droomt, is het maar een droom. Wanneer velen samen dromen, dan is dat het begin van een nieuwe werkelijkheid.'* De Moeraki Boulders, zoals ze officieel heten, dromen gezamenlijk de nieuwe werkelijkheid die Nieuw-Zeeland is.

WEER OF GEEN WEER

Het regent nu al welgeteld 44 dagen op het Zuideiland. Gelukkig heb ik pas 6 dagen geleden de Interislander (overzetboot) genomen, na een zomerse week aan de oostkust van 't Noordeiland. Als het non-stop regent en waait, zijn er maar twee mogelijkheden: binnenblijven en eindelijk die boeken lezen die altijd maar weer ongelezen mee terugkomen of gebieden bezoeken waar het bijna altijd regent en dan zit je goed op 't Zuideiland. Ik kies voor de tweede optie maar moet daarvoor wel een kleine duizend kilometer afleggen. Of het iets met het weer te maken heeft, weet ik niet, maar het wordt een aaneenschakeling van hilarische ontmoetingen.

Marlborough Sounds – regendag nr. 38
Ondanks de gutsende regen, fotografeer ik de groene heuveltoppen met kronkelende beken op de voorgrond. Het mistige landschap lijkt op een Japanse pentekening, die later ingekleurd werd met groene ecoline. Hoe meer water je eraan toevoegt, hoe bleker het effect wordt. Onvermijdelijke stop in de Marlborough Sounds is het dorp Havelock, waar je in 'The Mussel Boys' heerlijke groenlipmosselen kan eten, de culinaire specialiteit van Nieuw-Zeeland. Voordeel van hondenweer is dat je langer tafelt en er zich grappige, leerrijke gesprekken ontspinnen. Carol bedient me en we hebben het over een andere Nieuw-Zeelandse specialiteit: opossums. Deze zijdezachte knaagdieren werden in 1858 vanuit Australië

Regen in de Marlborough Sounds

geïntroduceerd voor hun pels. Kwekerijen creëerden jobs voor de Europese immigranten. De opossums creëren nog steeds jobs want duizenden werknemers zijn fulltime in de weer om te pogen de verschrikkelijke plaag in te dijken. Opossums zijn vegetariërs en leven hoofdzakelijk in bomen. Hun aantal wordt geschat op zeventig miljoen en hoewel ze van nature niet gulzig zijn – met 600 gram bladgroen per nacht komen ze toe – is hun schranspartij desastreus. Ze vreten de nationale parken kaal en verjagen de nestende vogels. De eerste bomen die eraan moeten geloven, zijn fuchsia's en bessendragende bomen. Inlandse vogels krijgen geen kans meer om de bessen te eten. Carol wijst naar de heuvel aan de overkant. 'Gedurende twee jaar heeft het DOC (Department Of Conservation) gifzakjes op de boomstammen gespijkerd, ze gecontroleerd en indien nodig, vervangen. Nu laten ze alles op zijn beloop voor een jaar. Ik zie de logica niet. Ze moeten blijven doorgaan.'

'Wat zit in die zakjes?'

'Ja, nog zoiets, 1080.'

'Rond die periode vonden veel Maorimigraties plaats...'

''t Is geen jaartal, maar een nummer.'

Ik moet bekennen dat ik 1080 reeds kende, want Andy in het Urewera Park had me verteld dat het DOC vanuit helikopters vergiftigde wortels dropte in het woud om de opossums uit te schakelen. Het probleem was dat de wortels bijzonder geliefd waren door de wilde zwijnen, die dus in groten getale stierven. Andy kon er niet om lachen. Een vergiftigd zwijn kan je niet opeten. Carol zegt haar les op: '1080 is monofluoracetaat en wordt gefabriceerd in de VS. Wij nemen negentig percent van de totale productie af! Het DOC beweert bij hoog en bij laag dat 1080 biologisch afbreekbaar is. Wij hebben andere informatie.'

'Zoals?'

'De WHO heeft 1080 ondergebracht bij dodelijke giffen waarvoor geen tegengif bestaat. De EPA (Environmental Protection

Agency) in California, beschouwt 1080 als een grondwaterbesmet-
ter die embryonale afwijkingen en de ziekte van Parkinson veroorzaakt en zogoed als alle organen beschadigt.'
'Waarom wordt het dan gebruikt?'
'Geen idee. Vallen zetten en erop jagen, creëert wel werk maar
brengt amper aarde aan de dijk. Het is echt een plaag. De zakjes die
aangebracht worden op de boomstammen zijn ideaal. Maar wat er
meer en meer gebeurt, is dat vergifigde granen uitgestrooid worden
over het woud.'
'De inlandse vogels gaan dus ook dood?'
'Ik heb vrienden in Karamea en telkens wanneer het DOC en het
SPM (Southern Pest Management) hun vluchten hebben uitgevoerd, is het muisstil in het woud. Alle zangvogels zijn dood! Mijn
vrienden hebben het DOC gepolst en die beweren te weten waar ze
mee bezig zijn. Volgens hen komen de zangvogels terug, de opossums niet. Het grootste probleem is echter dat 1080 in waterlopen
terechtkomt.'
'En dus in het drinkwater.'
'In de zomer van 2001 is een Engelse filmploeg komen filmen in
Golden Bay. Ze hebben waterstalen genomen, wat tot dusver nooit
gebeurd was. We wachten op het resultaat.'
''t Zou wel een flinke deuk betekenen in het zuivere, groene
imago van Nieuw-Zeeland!'
'Maar 't is allemaal zo hypocriet! De actiegroep in Golden Bay is
erachter gekomen dat op de Amerikaanse bijsluiter van 1080 expli-
ciet staat dat dropping vanuit de lucht taboe is, omwille van het risico dat het in een waterloop of bron terechtkomt.'
'So, legal is lethal', opper ik (vrij vertaald 'legaal is terminaal').
'Begrijp me niet verkeerd: opossums zijn een plaag. We haten
echt deze beesten omdat ze alle vegetatie vernielen.'
'Hoe pakken de Australiërs het probleem aan? Ze komen tenslotte daarvandaan!'
'Je gelooft het nooit! In Australië is de opossum bedreigd in zijn
voortbestaan! Verwoestijning heeft hem zogoed als uitgeroeid. De
Australiërs gebruikten cyanide in plaats van 1080 maar daar bleken
honden tien keer gevoeliger voor dan opossums. Het werkte prima
voor de eliminatie van de dingo's.'
'Wordt vervolgd...'

Als ik op het punt sta om naar buiten te gaan, komt ze me achterna, met een krant hoog boven haar hoofd zwaaiend. 'Hier staat een interview in met de crisismanager van 't Zuideiland. En een recept om ze klaar te maken. Kan je je vrienden mee verrassen in België.' 'Ik denk niet dat er opossums zijn in Europa...' 'Oh, echt niet?'. Bijna zegt ze: 'Wat jammer.'

Het interview met ene Geoff Woodhouse legt nog eens de nadruk op de onschadelijkheid van 1080 en hij beweert dat nog geen enkele zangvogel eraan gestorven is. De controverse wordt uitsluitend veroorzaakt door desinformatie. Voor de rest geeft hij geen informatie over het product. Het artikel besluit met de levenswijsheid dat je het land kan helpen door in je leven toch ten minste 1 opossum naar de andere wereld te helpen en dan volgt het recept om de vaderlandslievende daad nog eetbaar te maken ook. Ik onthoud het jullie niet.

'Plaats de gevilde, schoongemaakte opossum in een pot water met bladeren van de kawakawa (Macropiper Excelsum). Breng aan de kook en laat gedurende 1 uur sudderen. Haal het beest eruit en doe het in een hoge bakpan. Voeg hier 1 kop water, wat zout, peper, salie en 2 theelepels citroensap bij. Garneer er yamwortels (de aardappel is van dezelfde familie) rond en besprenkel deze met een kwartkop rietsuiker, een halve theelepel kaneel en gemberpoeder. Dek de pan af en laat gedurende 2 uur stoven tot het vlees knisperig bruin is. Haal ten slotte de opossum en de yams uit de pan en serveer.'

Taai beestje, als je 't mij vraagt.

Westport – regendag nr. 39

De ruitenwissers proberen als gekken de stortvloed die al twee uur aanhoudt, weg te wuiven. De Bullerrivier briest naast de weg en ik moet verscheidene keren stoppen omdat baanwerkers het puin ruimen van onderuitgezakte hellingen. De hemelsluizen staan nu al een maand open en daar is geen enkele heuvelflank tegen bestand. Het aantal 'spontane' watervallen is niet te tellen. De volledige westzijde van het Zuideiland krijgt doorgaans behoorlijk wat neerslag. Het jaargemiddelde ligt ergens tussen vier en acht meter (ter vergelijking: België zit rond de twee meter). Een stortbui zoals nu, krijgt snel de allure van een zondvloed: rivieren breken uit hun oevers, bruggen worden meegesleurd, landverschuivingen bedelven wegen en huizen. In de 19de eeuw was verdrinkingsdood op het land de meest voorkomende doodsoorzaak. 'The New Zealand Death' werd dit fenomeen genoemd.

De hoge hoeveelheid neerslag heeft twee oorzaken. Enerzijds zijn er de tropische cyclonen uit het noorden, die regen – af en toe zelfs een orkaan – over 't land jagen en anderzijds zijn er de natte luchtstromen uit het westen, die opstijgen tot aan de zuidelijke Alpen en daar, aan de voet uitvallen. Het resultaat van al dat vocht is een prachtige, zogoed als ongerepte strook laaglandregenwoud, dat als een groen lint gevat ligt tussen verlaten stranden en het hooggebergte. De wouden bestaan uit coniferenhardhout en beukenhout. Deze bossen zijn uitermate weelderig, dichtbegroeid en zogoed als ondoordringbaar. Ze waren er al ten tijde van Gondwanaland, 200 miljoen jaar geleden. Zes dennensoorten (de witte, bruine en zwarte den, de selderijden en de zilverden) zijn er, vier verschillende beuken (de rode en de zwarte beuk, de zilverbeuk en de hardbeuk) en de *totara*, waaruit de oorlogskano in Porangahau werd gemaakt. Deze ambassadeurs van de oertijd dragen bessen of pijnappels en zijn altijd groen. De witte den, *kahikatea*, is Nieuw-Zeelands hoogste boom en haalt makkelijk de zestig meter. Dat ze er nu nog zijn, heeft te maken met het feit dat, tijdens de ijstijden, stukken land hiervan gevrijwaard bleven.

Het laaglandregenwoud

Ik overnacht zoals steeds, in een motorcamp, in de goedkoopste 'cabin'. 'Veredelde monnikencellen' noem ik ze. Een bedje, een tafel en een stoel; that's it en meer hoeft dat niet te zijn. Ze zijn onderling wel erg verschillend. In 't beste geval zijn ze het product van artistieke losbandigheid en slaap je de ene nacht in een witgekalkt Cycladenhuisje, de andere in een 'historisch' interieur van de jaren zestig van vorige eeuw. Zo bracht ik ooit een nacht door in Omarama, met identiek dezelfde gordijnen als uit mijn kindertijd. Meestal hebben ze een hoog peperkoekenhuisjesgehalte en heel soms zijn ze het slachtoffer van jarenlange verwaarlozing. Slappe matrassen en afkalvend bloemetjesbehang vertellen je alles over de sociale status van de uitbaters.

Het huisje waar ik vannacht verblijf, in Westport, is een rechtopstaande spie met kanten gordijntjes en behoort dus tot de sprookjescategorie. Ik moet me inhouden om niet met gefingeerde bochel,

Mijn 'cabin'

krakende lach en steunend op een vlierstok, naar buiten te komen. In het huisje hangt een ingekaderd gedicht van een anonieme dichter, maar ik verdenk een werknemer van het Bureau voor Toerisme ervan de auteur te zijn. Het hemelse nat wordt beschreven in alle gradaties en met ongekende vochtigheidsnuances. De titel luidt: 'Rain'.

> 'It rained and rained and rained
> The average fall was well maintained
> And when the tracks were simple bogs,
> It started raining cats and dogs.
> After a draught of half an hour,
> We had a most refreshing shower
> And then, most curious thing of all,
> A gentle rain began to fall.
> Next day but one was fairly dry
> Save for one deluge from the sky
> Which wetted the party to the skin
> And then at last, the Rain set in.'

Karamea – regendag nr. 40

Het heeft de hele nacht geroffeld op het golfplaten dak, alsof ik sliep onder een sorteermachine voor gedroogde peulvruchten. Ik tank nog even in Westport, voor ik de honderd kilometer 'one way'-tocht naar Karamea aanvang. De pompbediende informeert waar ik naartoe ga en wanneer ik hem antwoord 'Karamea', kan hij zijn ontgoocheling niet onderdrukken. 'Waarom wil je daarnaartoe? Daar is niets!'

'Misschien daarom?'

Hij lacht schel en trekt een grimas alsof ik de komende dagen van mijn leven ga vergooien. Ik probeer wat informatie los te krijgen. 'Is daar een benzinestation?'
'Tuurlijk niet. Ik zei je toch al: daar is nie-iets!'
Ik laat voltanken, want die honderd kilometer moet ik ook nog terug. Ik doe nog een poging. 'Daar groeien toch die bijzondere palmbomen?'
'De *nikau*-palmen? Die heb je ook in Punakaiki en daar zijn nog een hoop andere bezienswaardigheden, zoals de Pancake Rocks.'
'Ja, maar daar ben ik al geweest. Karamea is echt het enige stukje van 't Zuideiland dat ik nog niet gezien heb, dus...'
'Je zal hier snel terugkeren want daar is niets!' onderbreekt hij me. Discussie gesloten.
Karamea ligt op 't einde van de weg en, wat mij betreft, aan 't eind van een bizarre tocht. De eerste 45 kilometer volg ik de kustweg en passeer een zestal dorpjes. De weg en de spoorlijn vormen een heleboel lussen die ik neem zonder te kijken, want treinen rijden hier allang niet meer. De Karamea Bluffs maken het onmogelijk de kust nog langer te volgen, dus slingert de weg zich de bergen in. Het is mistig en hoe verder ik rijd, hoe meer opgewonden ik geraak. De haartjes op mijn armen staan rechtop. Er hoopt zich zodanig veel elektriciteit op in de auto, dat ik verplicht ben een paar keer uit te stappen. Ik zorg ervoor dat ik het portier niet aan het metaal vastpak. Ik moet letterlijk st(r)oom afblazen om terug bij mijn positieven te komen en er speelt maar één vraag in mijn hoofd: 'Welke kracht is dit?' Na 35 kilometer ben ik terug aan de kust en valt alle nerveuze spanning van me af. Het resterende stuk tot Karamea lijkt op een landingsbaan. Het lijnrechte tarmac loopt tot aan de einder. Aan de ene kant ligt het tafelgebergte dat deel uitmaakt van het beschermde Kahurangi Park met aan de voet een smalle strook grasland, afgezet met omheiningsdraad en ouderwetse telefoonpalen. Aan de andere kant liggen witte stran-

De 'landingsbaan'

den met daarachter de wilde branding die uit de Tasmaanse Zee oprijst.

Karamea staat alleen maar op de kaart omdat daar het eindpunt is van een van Nieuw-Zeelands bekendste wanteltochten, het vijf dagen durende Heaphy Track. Er staan hooguit dertig huizen, waaronder een school en een hotel, dat toepasselijk 'The Last Resort' heet en waarop in grote letters 'WE ONLY LOOK EXPENSIVE!' geschilderd staat. Verder is er een afgrijselijke zuivelfabriek met zilverkleurige silo's en ... een benzinestation. 'Le Grand Vide', murmel ik, 'maar wel een benzinestation!' Valery, die uit het informatiecentrum stapt, moet lachen wanneer ze mijn opmerking hoort. 'Hebben ze je in Westport wijsgemaakt dat hier geen pompstation was?'

'Meer zelfs; er was hier nog minder, namelijk niets!'

'Ze proberen toeristen echt te ontmoedigen om hierheen te rijden. Ik begrijp niet waarom, want langs Westport moet je toch altijd. Anyway, welkom in Karamea!'

Ik vertel Valery over de opwinding waarvan ik het slachtoffer werd tijdens de bergrit en ze moet er blijkbaar diep over nadenken. Tenslotte zegt ze: 'Wel, ik heb dit vaker van mensen gehoord. Het is het soort elektriciteit dat bij een onweer vrijkomt, nietwaar? De bergen zijn wel rijk aan ertsen zoals goud, koper en molybdeen.'

'Wat is molybdeen?'

'Het is een zeer hard, zilvergrijs metaal dat met staal wordt gelegeerd. Als ik me niet vergis, wordt het gebruikt in de ruimtevaart.'

Waarschijnlijk moet ik er beteuterd bij gestaan hebben want ze vraagt vol medeleven: 'Dat was niet echt het antwoord waarmee je verder kan, hé?'

'Die passage in de bergen voelde aan als een beschermende gordel rond dit gebied. Het was net alsof ik door een barrière heen moest.'

'Grappig. Dat vertelden die anderen ook. Ben je helderziend?'

'Neen. Waren die anderen helderziend?'

'Weet ik niet. Wat ik nu wél bedenk is dat Karamea, hoe zal ik het zeggen, altijd gevrijwaard blijft van expansie. Ik geef je een paar voorbeelden. Men had plannen om het haventje uit te bouwen tot een volwaardige zeehaven, maar toen kwam de aardbeving van 1929 en verzandde de riviermonding. Exit haven. In 1970, verkreeg een Australisch mijnbedrijf een vergunning om molybdeen en koper boven te halen. Alles werd per helikopter aangevoerd. Ik was een kind toen en 't was nogal wennen om steeds helikopters te zien en vooral te horen af- en aanvliegen. De Australiërs financierden de hele onderneming met de opbrengst van hun Peruviaanse kopermijn. Maar toen kwam er een politieke crisis in Peru, de kopermijn daar werd genationaliseerd en de Australiërs hadden geen financiële middelen meer. Exit mijn.'

'Er is dus een kracht die deze plek beschermt tegen indringers.'

'Was het ontginningsproject doorgegaan, dan waren er tweehonderd woningen bijgebouwd en zou er een dam in zee hebben gelegen. Oh, nog iets; sinds meer dan twintig jaar is er sprake van de weg door te trekken tot aan de andere kant van Kahurangi Park, in Golden Bay. Maar zoals je ziet, is het nog altijd niet gebeurd en dat heeft weinig te maken met het actiecomité waarvan ik lid ben.'

'Betekent "*Karamea*" iets?'

'Het is een samentrekking van twee woorden: "*kakara*" wat "geur" wil zeggen en "*taramea*" dat het woord is voor "kweekgras". Dat stekelige gras (Aciphylla) wordt gevonden vanaf zeeniveau tot op 1850 meter hoogte. In de vlijmscherpe bladeren bevindt zich een

Kweekgras

honingzoet hars. Men hing de plant ondersteboven boven het vuur en liet het hars druppelen op mos. Dat geurig mos droeg men in een zakje om de hals. Maori kwamen van heinde en ver om dit "parfum" te ruilen voor voedsel en jade.'

'En de beroemde *nikau*-palmen? Deed men daar iets mee?'

'Zolang de bloemstrengen nog samenklitten, voor het openen van de bloem dus, zijn ze eetbaar. Ook het hart kan je eten, maar dan sterft de boom.'

'Betekent "*nikau*" iets?'

'Ja, "*ni*" is "kokosnoot" en "*kau*" is "onvruchtbaar". Er komen geen eetbare noten aan de boom, daarom. De rode bessen zijn zo hard dat de eerste kolonisten ze gebruikten als munitie om op vogels te schieten.'

Hoewel ze er niet zo uitziet, vraag ik haar toch of ze Maoribloed heeft. Ze lacht. 'Neen, Iers. Iedereen hier in Karamea heeft Ierse roots.'

Wanneer ik de straat al overgestoken ben, roept ze me terug. 'Ik dacht opeens aan iets. Die bergketen waar je door moet, heet "Radiant Range".' De cartografen wisten het blijkbaar ook al.

Karamea: dag nr. 41

'Radiant Range' vonkt het na in mijn hoofd, 'Stralende Bergketen'.

Ik rijd het laatste stukje grindweg af tot waar de weg echt ophoudt en bedenk dat Karamea een van de oudste stukjes van Nieuw-Zeeland is. Zo'n 150 miljoen jaar geleden vormde zich aan de zuidkust van Gondwanaland nieuw land met hoge bergen. Daaruit heeft de hele westkust zich opgeworpen.

Terwijl ik over de houten voetgangersbrug stap, trekt de hemel open. Het bruggetje is de toegangspoort tot het Heaphy Track en slingert zich over de Kohaihairivier, die terracottarood kleurt. Bladeren en schors komen in het water terecht en de afgescheiden tannine bezorgt het water de rode kleur. Vlakbij staat een bos van *nikau*-palmen. Deze ranke bomen hebben gebundelde, rechtopstaande bladeren en zien eruit als plumeaus. Na een moeizame beklimming van de Kohaihai Bluff, kom ik op Scott's Beach. Massieve granietblokken en vulkanisch ge-

Rots op Scott's Beach

steente wisselen elkaar af op het strand. Vanaf nu is het pad twee voeten breed. Verscheidene bergstroompjes beëindigen hun parcours als waterval. De Kohaihai Bluff ligt al snel achter mij, als een groen begroeide piramide in de branding. Ondertussen is er een 'Radiant Heaven' te voorschijn gekomen, zonder één wolkje.

Terwijl ik kilometer na kilometer wandel, denk ik terug aan mijn allereerste strandwandeling alleen, die niet zo vanzelfsprekend verliep. Het was in Spirit's Bay, helemaal in 't noorden van 't Noordeiland. Ik stapte, voor de eerste keer in mijn leven alleen op reis, over dat onmetelijke strand en 't liefst was ik onmiddellijk terug naar de auto gerend. De auto was mijn burcht en indien nodig, kon ik er razendsnel vandoor. De angst die mij overviel, was tweeërlei. Eerst en vooral was er de angst voor de oneindigheid. De combinatie van een leeg strand en mezelf als enige bron van menselijke aanwezigheid, deed mijn blik naar beneden tuimelen. Ik fixeerde mij op wat ik in het zand zag liggen en gelukkig was dat zeer gevarieerd en interessant om te ontdekken, maar ik durfde dus amper naar de einder te kijken. Vervolgens was er de angst voor het onbekende, toen ik dan toch naar de horizon keek en warempel een kleine stip ontdekte, die dichter en dichter kwam. Ik wist dat een confrontatie onvermijdelijk was, aangezien die ander en ikzelf de enige menselijke wezens waren die bovendien elkaars richting uitkwamen. Ik had zin om me te veranderen in een struik, een rotsblok, desnoods in die dood aangespoelde pinguïn die daar lag, tot die ander voorbij zou gelopen zijn. De minuten die ik nog voor de boeg had – in dit geval was 't ongeveer een uur – pijnigde ik mijn hersenen met allerlei dwaze vragen. Was het een man of een vrouw? Een inwoner of een toerist? Indien een toerist, welke nationaliteit? Zou ik de begroeting kort houden of juist een praatje maken? Wat deed die ander op het strand? Waren de bedoelingen eerbaar? En toen riep ik heel hard 'stop!' tegen mezelf.

Drie dagen duurde deze zelfgecreëerde lijdensweg en toen was ik er definitief van af.

En zo loop ik dus, jaren later, onbezorgd, gelukkig, bijwijlen euforisch over dit verlaten strand. Het enige storende element dat mijn pad kruist, is de zwarte zandvlieg. Deze '*te namu*' die eruitziet als een sympathieke fruitvlieg, is heel venijnig en bezorgt je stevige beten. Op de meeste plaatsen van 't Zuideiland kan je niet met blote benen lopen en te lang stilstaan om van het uitzicht te genieten, gaat ook al niet. Gelukkig verdwijnen ze zodra het donker wordt en bij regen en harde wind zijn ze ook niet te bespeuren.

Wanneer ik op 't einde van de dag opnieuw over de hangbrug stap, besluit ik om in een grote boog langs de rivierbedding naar mijn auto te gaan. Meerdere stromen lossen hier op in de zee en de ontmoeting van zoet met zout bezorgt de wandelaar hallucinante beelden. Sommige geulen lijken wel nagerechten uit de 'nouvelle cuisine', opgesmukt met cacaopoeder, kaneel en slagroom. Een eind

De beschermengel van Karamea

weg in zee, ligt zelfs een gigantisch rietsuikerklontje, schuin op zijn zij, half natgezogen. Mijn blik dwaalt af naar rechts en ik ontdek hem, slapend op zijn rug, zijn hoofd iets naar links gedraaid. De onderkant van zijn hals, kaak en hoofd is met algen begroeid. Zijn mond is verweerd, zijn neus opengebarsten en de frons tussen zijn wenkbrauwen is diep. 'Daar ligt hij', prevel ik, 'de bewaker, de beschermengel van Karamea.'

De tijd staat stil op de enige zonnedag in een abnormaal natte zomermaand van 44 dagen.

Westland: regendag nr. 42

Er is niets melancholischer dan een stervende gletsjer te bezoeken bij donker weer, in een druilerige regen. Ik volg het grijze pad tussen keien die overwoekerd zijn door oranjerode korstmossen. Aan weerszijden van de morenevallei doemen achter nevelslierten hoge, kale bergwanden op. Een verweerde knaloranje boomstam waarvan de buitenste vezels zacht geworden zijn, ligt als een uitgewrongen, bevroren dweil tussen het rotspuin. Ik vergaap me aan de muur van gletsjerijs, die zeker acht meter hoog is. Het is de eerste keer in mijn leven dat ik oog in oog sta met een gletsjer en wat me compleet overrompelt, is de kleur ervan. De ijsmassa is aquamarijngroen en zoals bij geaderd marmer lopen er donkere strepen door. Aan het gat waaruit de rivier stroomt, liggen felwitte ijsbrokken. Fox Glacier heet hij en hij is prachtig gelegen, met Nieuw-Zeelands twee hoogste bergen, Mt.Cook (3754 m) en Mt.Tasman (3498 m) als achtergrondkoor. Met zijn lengte van 13 kilometer is hij uniek omdat hij de eeuwige sneeuw combineert met het regenwoud aan de kust. Maar hij is niet de enige. In totaal bevinden zich hier zestig gletsjers en allemaal gaan ze dood. Door de opwarming van de planeet valt er niet voldoende sneeuw meer op de toppen zodat hij zijn 'voorraad niet kan inslaan'. Hij smelt dus alleen nog aan zijn eindpunt, anderhalve meter per dag. Sommige van zijn collega's zijn zo op een eeuw tijd, met vijf kilometer ingekrompen. Het natuur-gebied waarin alle gletjers zich bevinden, is het grootste van 't land en beslaat met zijn 2,6 miljoen hectare 10 procent van het totale territorium van Nieuw-Zeeland. Eigenlijk zijn het drie afzonder-lijke parken die werden samengevoegd: Fiordland Nat. Park, Mt.Cook/Westland Nat. Park en Mt.Aspiring Nat. Park. Alledrie staan ze op de lijst van Werelderfgoed Momumenten van de UNESCO. Het park heet voluit 'Southwest New Zealand World Heritage Area'. Door zijn ongereptheid – hier ontbreken eindelijk die vreselijke omheiningspaaltjes met prikkeldraad – is het een ide-ale filmlokatie. Spielberg filmde hier de natuuropnamen voor zijn 'Jurassic Park' en de BBC draaide 'Walking with Dinosaurs'. Op de terugweg kom ik een *kea*-familie tegen. Deze vleesetende bergpa-pegaaien waren bijna uitgestorven omdat paranoïde schapenboeren ervan overtuigd waren dat ze de schapen aanvielen en oppeuzelden. De enige misdaad waarvan je hen kan beschuldigen, is het met ple-zier stukpikken van alles wat op rubber lijkt. Fietswielen, raamdich-tingen, laarzen, spankabels en de dakventilatie van mobilhomes zijn hun favoriete speeltjes. Het zijn grappige, intelligente vogels en hun vlucht is prachtig door de felrode onderkant van hun vleugels.

Ik rijd het hele eind tot Mt. Cook, alsof ik me op de bodem bevind van de oceaan. Water en nog eens water. Een van Hundert-wassers slogans luidde: 'Red de Regen! Elke regendruppel is een kusje van de hemel!' Mij komt het stilaan de strot uit. De regen gaat over in hagel. Ik ben verplicht in Mt.Cook, waar welgeteld twee hotels en een jeugdherberg zijn, te overnachten. Aangezien de her-berg volzet is, heb ik geen andere keus dan een zeer dure hotelka-mer te betrekken. Ik betaal voor één nacht wat ik normaal spendeer in een hele week. De kamer is luxueus en wat me mateloos intri-geert, zijn de Chinese opschriften boven het bad en de wc. Tever-geefs zoek ik naar Engelse teksten.

's Morgens klamp ik de kamerjuffrouw aan, maar zij beweert geen Chinees te kennen. De jongens bij het ontbijtbuffet zijn nog niet wakker en snappen totaal niet waarover ik het heb. Het meisje aan de receptie verslikt zich bijna en begint hikkend te giechelen. Ik dring aan: 'Jij bent Aziatisch, dus jij moet toch weten wat daar geschreven staat?' Ze rolt met haar ogen maar er komt geen gebe-nedijd woord uit. De manager komt binnenwandelen. Ik bijt me vast. 'Luister, ik ben journaliste en ik zou toch echt wel willen weten wat er op mijn badkamermuur geschreven stond!' Hij lacht en zegt heel bedachtzaam: 'Oh juist.' Het lijkt erop dat hij naar de juiste formulering zoekt. Tenslotte zegt hij: 'We hadden dikwijls problemen met oude Chinezen. Die verwisselden nogal eens de functies van bad en toilet.'

'Bedoel je, dat ze ...'

'Ja, dat bedoel ik.'

'Oh, god!'

'Juist! Ik kan je verzekeren dat het iedere keer vreselijk was als een bus met Chinese gepensioneerden hier logeerden. De kamermeisjes konden er niet mee lachen. Niemand trouwens. Het toilet was ongebruikt, het bad daarentegen...'

Van sanitaire verwarring gesproken. Later verneem ik dat er hoteluitbaters zijn die Chinese groepen boven een bepaalde leeftijd gewoon weigeren.

Buiten ligt er een flink pak sneeuw op de bergen en de grijze lucht belooft nog meer neerslag. Fox en zijn gletsjerkompanen zullen tevreden zijn.

Hollyford: regendag nr. 43

Fiordland is een unieke plek op deze planeet. Het is een geologisch meesterwerk uit de oertijd, gecreëerd door gletsjererosie. Het gewelddadige, ruwe klimaat bracht een onherbergzame, vochtrijke streek voort. In de fjorden ligt een vier meter dikke laag van zoet water boven op het zeewater. Daar zijn de 250 dagen regen per jaar verantwoordelijk voor. Het is niet verbazend dat de hoogste watervallen van 't land zich hier over de rotsranden naar beneden storten. Het is een mistig en mystiek gebied, groener dan groen, natter dan nat.

Ik stop in Hollyford dat bestaat uit drie huizen, en stap een surrealistische wereld binnen. Twee jongemannen, één met heel lang, sluik zwart haar, de ander met korte, blonde krullen zetten tussen de buien door hun tent op. Ze bekijken me met meer dan gewone interesse. Er staat een benzinepomp, beschilderd met vurige tongen en een wegwijzer met als bovenste bestemming 'heaven'. Naast een houten omheining, die overschilderd is met veelkleurige paddestoelen, ligt een winkeltje. Binnen is het een rommel vanjewelste.

Er ligt een laag stof van jaren, ook op de prijzen want die zijn wel aan de zeer lage kant. Een soldengevoel overvalt me. De eigenaar komt met een bedrukt gezicht kijken, wijst naar een klok met klepel, die op de toonbank staat en zegt: 'Ring if you need me!'. Haastig verdwijnt hij terug in de woonkamer waar luid hoorbaar een rugbymatch op tv bezig is. Vrij snel heb ik mijn keuze gemaakt want het aanbod is armtierig, dus geef ik een snok aan de klepel. Hij komt aangesloft en vraagt waar ik vandaan kom, alsof ik nu pas ben binnengewandeld. Ik zie dat hij een pruik draagt en zeg: 'From Belgium.'

'Fwaaks!' zegt hij, 'Fwaaks!'.

Ik begrijp er niets van en vraag beleefd: 'I beg your pardon?'

'Fwaaaks!' herhaalt hij, 'You eat fwaaks!' Hij ziet mijn bedremmeld gezicht en zegt minzaam: 'Well, no, your neighbours are eating them, the French!'

'What exactly are they eating?' probeer ik voorzichtig.

Hij trekt een vies grimas, maar eindelijk begrijp ik wat hij zegt. 'Frogs! They eat frogs!' Meteen voegt hij eraan toe: 'And snails!'

Ik kan alleen maar beamen dat wij, Belgen, die vuiligheid ook eten. Ik ga nog een stapje verder: 'And horsemeat!'. Dat was een stapje te ver. Zijn haarstukje schuift bijna tot in zijn nek en hij kijkt mij aan alsof hij mij wil uitspugen. 'Don't worry!' haast ik me, 'I'm vegetarian!' En dan krijg ik het droevige verhaal te horen dat zijn paard vorig jaar gestorven is op de leeftijd van 31 jaar. Het geliefde dier luisterde naar de naam 'Cow'.

'Wasn't that confusing for the horse?' ligt op mijn lippen, maar gelukkig besef ik op tijd dat het niet het moment is voor grappige

Verbrande toastlijn

opmerkingen. Hij heeft Cow begraven daar bij de rivier en hij wijst door het raam de plek aan. De twee natgeregende jongemannen hebben er juist hun tent op rechtgezet, zo te zien. Daar ga ik vannacht dus niet slapen. Ik betaal en laat hem achter met zijn verdriet en zijn rugbymatch. Naast de winkel is een museum, ter ere van

Cow. Ik kijk door het raam en zie ingelijste foto's en een verzameling zadels. Tussen beide gebouwen is een waslijn gespannen vol met zwartgeblakerde, te lang getoaste boterhammen. Achter in het gras staan cementen paddestoelen met witte stippen, in pastelkleuren geverfd. De twee jongens komen mijn richting uit en ik maak dat ik wegkom. Negen kilometer verderop loopt de weg dood.

Manapouri: regendag nr. 44

Ik heb besloten om aan een georganiseerde trip deel te nemen. Achtereenvolgens doen we een boottocht op Lake Manapouri, bezoeken we een ondergrondse krachtcentrale en daarna, eerst per bus en dan per boot, gaan we Doubtful Sound bekijken, een ongerepte fjord. Het regent pijpestelen.

Lake Manapouri is het diepste meer van Nieuw-Zeeland, 433 meter diep. In een van zijn armen bevindt zich de grootste hydrokrachtcentrale van 't land. Gebruikmakend van het hoogteverschil tussen het meer en de fjord, wordt het water meer dan tweehonderd meter naar beneden gestuurd. Via verticale buizen komt het terecht bij zeven generatoren in een enorme, ondergrondse zaal. Vanaf een gaanderij hebben we een adembenemend uitzicht en ben ik opeens verdwaald in een stripverhaal van 'Blake & Mortimer'. Dit lijkt wel het laboratorium van Dokter Septimus uit 'Het Gele Teken'! (dat gele teken is trouwens een 'M', de 'M' van 'Manapouri'?) Van hieruit stroomt het water dan weg door een tien kilometer lange tunnel, naar Doubtful Sound.

Tijdens de korte busrit naar de fjord, krijg ik in de gaten dat er twee uiterst vervelende Hollandse koppels mee zijn. Aan hun leeftijd te zien, genieten ze van hun pensioen, maar het blijft bij papieren genot. Ze spuien non-stop kritiek en onwaarschijnlijk platte opmerkingen. Na de busrit stappen we over in de boot waarmee we de fjord zullen afvaren. Op het bovendek staat een Jezusfiguur, die verwoede pogingen doet om muesli uit een plastic zak in een piepklein yoghurtbekertje te gieten. Ik ga toch maar binnen zitten, want er staat een gure wind. Tot mijn ontzetting merk ik dat ik recht tegenover de twee Hollandse wijven ben gaan zitten. Ze kijken me gechoqueerd aan en pas wanneer één van de echtgenoten zich bijna boven op mij neerploft, besef ik dat ik op 'zijn' plaats zit. Ik reageer niet op hun priemende blikken en doe alsof ik geen jota begrijp van hun taal. Ze 'brouwen' hun 'g' zo erg dat het meer weg heeft van fluimen opgeven dan van praten. Ik denk aan die Franse vriend, die het Hollands ooit 'une maladie de la gorge' noemde. Ik eet een spirulinareep op en een peer.

Buiten ligt een zeeleeuwenkolonie op de rotsen en buitelen dolfijnen in het kielzog. Binnen vervolgt 'Jezus' zijn wereldrecordpoging 'muesli morsen naast bekertje' en foeteren de Hollanders verder. Blijkbaar ben ik de enige die ziet dat er buiten zeeleeuwen en dolfijnen te bewonderen zijn. Ik zoek toch maar een andere plaats op en sluit mijn ogen. Wanneer ik ze weer open, zit 'Jezus' recht tegenover me. Hij heeft me 'ontdekt'. Vanaf nu wordt het grappig, want hij weet niet dat ik een zicht heb van 180°. Ik sta op en loop een paar keer op en neer. Hij houdt me voortdurend in de gaten. Wanneer ik naar het koude voordek ga, komt hij me achterna en posteert hij zich vlakbij, alsof hij zich wil warmen aan mijn aura! Nu kan ik er niet meer onderuit en moet ik hem wel aankijken. Ik krijg een lange, onderzoekende blik cadeau, geen glimlach. Misschien denkt hij wel dat ik een heks ben. Hij is mooi en heeft een intrigerende uitstraling, maar de opkomende gedachte aan stinkende sokken en mueslikruimels in vuile onderbroeken, drukt elk initiatief mijnentwege de kop in. Hij bekijkt mijn ringen. Straks eindig ik toch nog op de brandstapel.

De boot meert aan en na een tweede bustocht gaan we opnieuw over het water verder. De Hollanders komen warempel rond mij zitten, met verongelijkte gezichten en de man die geprobeerd had mij van 'zijn' plaats weg te krijgen, zegt: 'Daar heb je dat zieke meisje weer!' De ogen sluiten en gezonde knabbels eten, worden blijkbaar beschouwd als ziektesymptomen. Ik eet een paar pecannoten. Zegt één van de wijven: 'Ze eet echt voortdurend! Ze houdt niet op met eten!' Haar man, die ontbrak en nu de trap afkomt, zegt: 'Oh, is dat zieke meisje wakker?' Nu moet ik echt mijn best doen om mijn lachspieren in bedwang te houden. Pas nadat we terug aan land zijn en de tocht is afgelopen, schenk ik 'Jezus' mijn allerliefste glimlach en terwijl ik de Hollanders passeer, zeg ik: 'Nog een prettige reis verder in dit prachtige land!' En toen zwegen zelfs de meeuwen…

IN DE BAN VAN DE ROUTE

In 1997 zat ik na negen weken en tienduizend kilometer rondgereden te hebben in Nieuw-Zeeland, op een platte rots naast de Dartrivier. Voor mij strekte zich de ongerepte valleidelta uit, die

De Remarkables

overging in het langwerpige Wakatipumeer, met helemaal aan 't eind ervan de Remarkables, een inderdaad bijzondere en opvallende bergketen. Aan weerszijden torenden de besneeuwde toppen van de zuidelijke Alpen de hemel in en achter mij lag een groene, piramideachtige heuvel met daarachter Paradise, een nederzetting van hooguit vijf huizen.

De eenzaamheid en de schoonheid die nooit veraf waren geweest tijdens mijn tocht, waren hier versmolten tot een adembenemende tastbaarheid. 'Klein Anna zat op enen steen', zong het in mijn hoofd en ik kreeg tranen in mijn ogen. Hoe lang ik zo gezeten heb, weet ik niet meer maar op een bepaald moment zag ik legers voorbijtrekken. Ridderlegers te paard. Ze staken de vallei over, doorwaadden de ondiepe rivieraders en op de oever werd gevochten. 'Wat een prachtige filmlokatie zou dit zijn', dacht ik nog. Terug in België vertelde ik aan een bevriend filmproducent dat er in Nieuw-Zeeland een verborgen vallei op de verfilming van een ridderepos lag te wachten.

Vanaf 1999 verfilmde Peter Jackson de Tolkientrilogie '*In de Ban van de Ring*' in zijn thuisland, Nieuw-Zeeland. Mijn verborgen vallei werd omgetoverd tot *Nan Curunir*, waar *Isengard* met zijn centrale toren van *Orthanc*, gebouwd werd én vernietigd. De zuidelijke Alpen en de Remarkables luisterden nu naar de naam '*De Nevelbergen*'. Op de oever van het Wakatipumeer bevonden zich het *Ithilien Kamp* en *Amon Hen* en volgden *Frodo* en *Sam* het gewapende conflict tussen de volkeren van *Harad* en *Gondor* en zagen ze de legendarische *Mûmak*. Op dezelfde oever vond het finale gevecht plaats, de apotheose van het eerste deel '*De Reisgenoten*'.

Ik vond dat ik voldoende redenen had om terug te gaan, de oude paden opnieuw te betreden en te zien of er iets van Tolkiens *Midden-Aarde* was blijven hangen.

1ste etappe: Erewhon

Vanuit Christchurch vertrokken, rijd ik een tweetal uur tussen bloeiende brem en groene weiden, die netjes omzoomd zijn door enorme sparrenhagen. Tegenliggers zijn er omzeggens niet. Charing Cross, Hororata en Windwistle zijn verstilde dorpen die tegen de 'scenic route' aanliggen en waar geen enkele activiteit te bespeuren valt. In Mount Somers verlaat ik de weg en begeef me op onbekend terrein. Na een tiental kilometer is 't afgelopen met het asfalt en wordt het voorzichtig rijden over een grindweg vol kiezel. Dit soort wegen zijn in Nieuw-Zeeland synoniem voor onaangeraakte natuur en uitgestrekte, verlaten landschappen.

Ik ben op weg naar een plek waarvan de naam me al jaren intrigeert: Erewhon. Wanneer we de 'wh' als één letter beschouwen, zoals de Maori doen, en we lezen het woord achterstevoren, dan krijgen we 'nowhere'. En als ik ergens naartoe wil, dan is het wel naar nergens! Achter Ashburton Gorge wordt het landschap opengetrokken: groene vlakten, daarachter zachtbruine glooiingen en als achtergrond besneeuwde bergtoppen. Als ik maar lang genoeg kijk naar deze 'ver'gezichten, gaat het stukken beter met mijn bijziendheid. De weg kronkelt zich tussen twee meren. Houten huisjes herbergen de boten van vrijetijdsvissers. Het blauwe water zit vol met regenboogforel. Op het hoogste punt van Harper Range heb ik een overweldigend uitzicht over de brede Rangitatarivier, die als een bundel glinsterende strengen de hele boomloze vlakte inneemt. Helemaal achteraan ligt een rotsige uitwas, de zeshonderd meter hoge Mt.Sunday, als tastbare herinnering aan een gletsjermorene uit de oertijd. De heuvel fungeerde als *Edoras*, de hoofdstad van *Rohan*. Het nam elf maanden in beslag om er de filmset te installeren. Last

Mt.Sunday alias Edoras

van nieuwsgierigen was er alleen in de weekends, wanneer ze gewapend met verrekijkers naar deze verloren woestenij afzakten.

Zes jongens staan beneden bij de rivier, bierblikjes in de hand. Ze kijken naar *Edoras*. Hun auto's staan langs de weg en zonder uitzondering kijken ze op, als ik voorbijrijd. Ik ben vermoedelijk de eerste en de laatste die hier vandaag passeert. Een donkergrijze, gestreepte wilde kat rent een tijdje mee en verdwijnt tussen de rotsen. De weg houdt op. Op twee planken staat 'Erewhon Station' en daaronder 'Merino Stud & Red Deer' geschreven. Dit kweekstation van merinosschapen en herten, is 2700 hectare groot en strekt zich uit tot hoog in het gebergte. De noordwester blaast een harde, warme wind over de vallei. Tijdens de zomermaanden loopt het kwik op tot 30°C, terwijl het in de winter makkelijk vijftien onder nul wordt. Deze contrasten manifesteren zich in immer veranderende wolkenformaties en hun schaduwpatronen over het desolate landschap. De schrijver Samuel Butler vat het in zijn klassieke

Erewhon Station

roman 'Erewhon', als volgt samen: *'Never shall I forget the utter loneliness of the prospect – only the little far away homestead giving sign of human handiwork – the vastness of mountain and plain, of river and sky; the marvellous atmospheric affects... sometimes black mountains against a white sky, and then again, after cold weather, white mountains against a black sky.'*

Met tegenzin begin ik aan de terugweg. Een witte rots die begroeid is met vegen rood korstmos, trekt mijn aandacht. Mijn gedachten gaan uit naar een witte dolfijn, een beloega, die gewond is. Vlak voor de lange smalle brug over de Potts, een zijrivier van de Rangitata, word ik wakker geschud: links naast de weg ligt een zwarte terreinwagen ondersteboven. Alle ruiten zijn stuk en het dak is ingedrukt. Een enorm remspoor loopt over het grind. De inzittenden hebben er zich kruipend moeten uitwurmen. Ik herken de auto: hij was van de drinkende jongelui.

2de etappe: Dansey's Pass

De kortste weg naar Ida Valley en Poolburn, waar alle lokaties gefilmd werden van *Rohan*, is via een bergpas, Dansey's Pass.

Gisterenavond ben ik gestrand in het gelijknamige motorcamp, vlak voor de pas, waar het laatste stukje asfalt ligt, met een zogoed als lege benzinetank. Ik was de enige gast en Neil, de eigenaar, ontving me als was ik een familielid. 's Nachts trippelden hermelijntjes door mijn kamer en 's ochtends vroeg werd ik gewekt door een koppel 'bellbirds' die in de wilg bij mijn slaapkamerraam hun naam eer aandeden. Deze donkere vogels hebben een diepe, maar schelle melodie van vlottende noten, die klinkt als een klok. Dit kamp is een van die vele verborgen schattenlokaties, die je alleen tegenkomt als je tijd zat hebt en het stuur in handen geeft van je intuïtie. Of als je geconfronteerd wordt met een benzinetekort, zoals ik nu. Neil heeft nog nooit buitenlanders gehad in zijn 'cabins'. Tot gisteren legde hij uitsluitend Kiwi's – zo noemen Nieuw-Zeelanders zichzelf – te slapen en vooral kinderen die hier de geologie van de streek komen bestuderen.

Ik zit aan de snelstromende bergrivier, beneden in de canyon, die als een verborgen plooi in het land ligt. Aan de overkant blaat onafgebroken een verloren gelopen lam. Boven de heuvels straalt de zon in een mediterrane hemel. 'Zou dit al zomer zijn?' vraagt Neil zich af, terwijl hij een sigaret opsteekt. 'In deze streek, tezamen met Golden Bay, telt men het grootst aantal zonne-uren. We hebben milde winters en vrij droge zomers, maar vorig jaar zijn we bijna van de landkaart weggespoeld. Nog nooit waren er zoveel onweersbuien.'

Neils Engels kan niet Engelser. Mijn vermoeden dat hij nog niet zo lang in Nieuw-Zeeland woont, wordt bevestigd. 'Ik woon hier pas vijf jaar. Ik ben gevlucht uit Sussex omdat het me te druk werd. Het Engelse platteland wordt overspoeld door stadsmensen die er hun weekendhuisjes hebben. Ze klagen steen en been over geurhinder en lawaai wanneer de boeren aan 't werken zijn. Ik ben geen landbouwer maar een ingenieur en ik was het gedoe beu. Dit hier, is waar ik van hou.'

Hij woont hier in zijn dooie eentje, dus vermoed ik dat er ook een 'vrouwengeschiedenis' in 't spel is, maar ik durf het hem niet te vragen. Alsof hij mijn blik kan lezen, zegt hij: 'Mijn dochter woont in Christchurch. Zij was al langer in Nieuw-Zeeland en haalde me over naar hier te emigreren. Zij kende mijn ergernis in Sussex.'

Als ik hem vertel over de nachtelijke visite van hermelijntjes in mijn 'cabin', wat hij ten stelligste ontkent, want alle spleten en gaten zijn pas gedicht geworden, komt het gesprek automatisch op de herkomst van deze roofdiertjes. 'Je weet dat er aanvankelijk geen zoogdieren waren in Nieuw-Zeeland?'

'Geen enkel zoogdier?'

'Neen. Er waren alleen zeezoogdieren: walvissen, dolfijnen, zeerobben. Pas na de komst van de Maori en vooral van de blanken rende er opeens van alles rond.'

'Konijnen?'

'Konijnen werden losgelaten in 1864 rond de zuidelijkste stad, Invercargill en zoals het konijnen past, breidden ze zich snel uit. Tegen 1870 waren ze een pest geworden en de veeboeren gingen failliet. Hun veestapel stierf van de honger want de konijnen vraten het grasland kaal.'

'Maar waarom werden in godsnaam konijnen losgelaten?'

'Voor het plezier. Om er op te kunnen schieten. Je kent de mensen toch?'

'Het probleem werd zo te zien opgelost. Of is er nog altijd sprake van een plaag?'

'Rond 1880 werden duizenden wezels, fretten en hermelijnen vrijgelaten als remedie tegen de konijnen. Al na zes jaar werd de vergissing duidelijk. De konijnen bleven ongemoeid, want de roofdieren vonden het veel gemakkelijker om inlandse vogels te doden. Die waren heel tam door het ontbreken van een natuurlijke vijand. Vogels die op de grond broedden, stierven uit.'

'De mensheid op haar best!'

'Nieuw-Zeeland is een ecologische ramp! Het regenwoud werd integraal grasland voor het vee en het invoeren van die roof- en knaagdieren heeft bijna alle inheemse vogelsoorten doen verdwijnen.'

En zo evolueert de dialoog naar het leegroven van het land door ontginning en hoor ik tot mijn verbazing dat het goud zich vlak onder mijn neus bevindt, in de stroom. 'Hoe ziet het goud eruit dat je hier vindt?'

'Ik zal het je tonen.' Neil gaat in huis en komt terug met een zwart, rubberen diep bord. Ik zie zand en schelpresten, stukjes rots, maar geen goud. Hij schudt zachtjes het bord en langzaam komen kleine, platte goudschilfers te voorschijn. Ik kan mijn ontgoocheling niet verbergen: 'Is dat alles?'

'Wat had je verwacht? Kant-en-klare oorbellen?'

'Goudklompjes!'

'In deze streek is goud uitsluitend als schilfers te vinden. De goudaders werden samengedrukt met een enorme kracht, tot vijfduizendmaal de normale atmosferische druk. Je wou toch Dansey's Pass doen, hé? Op de top zal je prachtige schistformaties zien.'

'Wat is schist?'

'Dat is rots die eerst verhit werd tot 400°C en daarna dus samengedrukt. Het is een grijs, geschubd gesteente dat je kan afpellen, zoals leisteen.'

'Hoe krijg je die goudschilfers uit dat zand?'

'Je laat alles drogen en dan blaas je het zand weg. Het goud blijft liggen, want goud is zwaar.'

'Filter je elke dag goud?'

'Dat probeer ik. Die schilfertjes zijn wel 24-karaats goud. Ik ga ermee naar een juwelier in Christchurch. Op die manier overleef ik de winter. Sorry, maar ik moet er nu vandoor; de buurman helpen met het verplaatsen van zijn dieren.'

'Wat houdt dat in?'

'Ik rijd voor met de jeep, om ze af te remmen. Met deze hitte hebben ze nogal de neiging om te gaan hollen en krijgen ze een hartaanval. En dat moet vermeden worden: zo'n beest kost 1000 NZD (500 euro).'

'Zie ik je daarna?'

'Ik denk het niet, want het is "poetsday".'

'Oh, met Nieuw-Zeelandse poëzie?'

Neil laat zijn goudpan bijna uit zijn handen vallen. 'Ken je de uitdrukking "poetsday" niet?'

'Euh, nee…'

'Welke dag is 't vandaag?'

'Vrijdag.'

'Wel, "poets" staat voor "Piss Off Early, Tomorrow's Saturday". Hoe vroeger we met werken stoppen, des te sneller we onze eerste frisse pint kunnen pakken. Cheers!'

3de etappe: Poolburn

De dichtstbijzijnde benzinepomp is die van Kurow, op vijftig kilometer, waar ik gisteren al voorbijkwam. Het is een principe of beter, een gulden regel op 't Zuideiland, dat je bijtankt zodra je tank halfleeg is. De benzinestations zijn hier zo dun gezaaid dat je beter je voorzorgen neemt. Heb ik niet gedaan, dus kan ik 100 kilometer omrijden.

Zoals Neil voorspeld had, zijn de schistrotsen op het hoogste punt van de bergpas imposant en ruig. Ze zien eruit als grijze, meta-

Schistrotsen

len schilden die men na de veldslag bijeengeraapt heeft om ze samen op een hoop te leggen. Netjes gestapeld, steken de puntige bovenkanten rechtop, terwijl onderaan grassen overwoekeren. Af en toe boort de grindweg zich door zo'n schistlaag en liggen duizenden scherven uiteengespat op de helling. Aan het einde van de pas gloort een enorme vlakte, Otago.

Dit gebied van elfduizend vierkante kilometer, waar amper zestienduizend mensen wonen, wordt volledig omringd door bergketens. Het licht is hier zo helder dat de bergen binnen handbereik lijken te liggen en de nachten worden verlicht door een overvolle zuidelijke sterrenhemel die me altijd het gevoel geeft dat ik op een andere planeet sta. Ik herken geen enkele constellatie. De kleur van de bergen met hun talrijke glooiingen, varieert al naargelang van het licht, van zachtroze over purperrood naar mosterdgeel tot koffiebruin. Eén stadje heet 'Plaats van het Licht', *Omarama*. Zelfs het gras dat in bundels groeit, zorgt voor speciale lichteffecten. De bussels geven de kale heuvels meer diepte door een nopjespatroon te creëren. Bij elke windvlaag veranderen ze de dalen in rimpelende plassen. Otago is het droogste gebied met de minste neerslag van Nieuw-Zeeland.

Alles staat hier in het teken van 'het Gouden Tijdperk'. Jammer genoeg gaat het niet om een cultureel hoogtepunt, een beschavingspiek, maar letterlijk om de periode van de goudkoorts. Voormalige goudstadjes liggen in de verzengende hitte. Hun historische gebouwen hebben een zweem van art deco meegekregen en bevinden zich in goede staat. Hoewel ik via Ida Valley naar Poolburn wil, besluit ik een ommetje te maken langs zo'n oud goudnest, St.Bathans.

Ray prikt een aankondiging op een bord recht tegenover het Vulcan Hotel uit 1882.

'Ze proberen achter onze rug tien percelen te verkopen als bouwgrond. We zijn het net op tijd te weten gekomen en gaan daar nu een stokje voor steken.'

'Is de gemeente dan niet verplicht jullie op de hoogte te brengen?'

'Zou je toch verwachten, niet? Blijkbaar denken ze dat hier alleen maar een paar oude huizen bijeen staan.'

'Wat is er mis met tien extra huizen?'

'Het zullen moderne huizen zijn, waarschijnlijk weekendhuizen die dus meestal leeg zullen staan. Nieuwe leidingen moeten aangelegd worden en dan is de kans groot dat de weg geasfalteerd wordt.'

'Ben je zo gehecht aan die grindweg?'

'Ja! Ze moeten ons met rust laten! Ze zouden beter onze telefoonverbinding in orde brengen. De hele dag was er weer een bezettoon!'

Zoals ik dit schrijf, klinkt het alsof Ray een misnoegd mens is, die vittend en klagend de dag doorkomt. Maar zo is het niet. Dat soort mens bestaat gewoon niet in Nieuw-Zeeland. Hij zegt alles schalks lachend en besluit: 'Jij bent de eerste Belg in St.Bathans. Welkom!'

In 1864 begon men de 120 meter hoge Kildare Hill af te graven, op zoek naar goud. Een schacht van 68 meter diep werd gegraven

Blue Lake

om de goudhoudende aarde naar boven te brengen. Rond 1880 werd een hydraulische lift geïnstalleerd om rotsen en keien eruit te halen. Het was de diepste hydraulische mijnlift ter wereld. De goudmijn draaide zeventig jaar, tot in 1935 de activiteiten werden stilgelegd. De gigantische put vulde zich met water en werd Blue Lake.

Het is een klein meer met een exotische, blauwe kleur. Tegen het strand aan kleurt het water smaragdgroen en op sommige plaatsen is het rood. Naast dit wonderlijk kleurenpalet, springen vooral de witte, grillige rotsen in het oog. Alsof een meesterkok met gulle hand eiwit heeft opgeklopt en het als meringue op de oevers heeft gespateld. Ik sta boven op de klif stil te kijken hoe de wolken zich spiegelen in dat kleurige water. Een figuurtje komt beneden uit het water en wandelt de zandweg op.

'Dit is het best bewaarde geheim van Nieuw-Zeeland', begin ik, alluderend op een veel gebruikte reclameslogan in toeristische brochures. Sharon lacht en zegt dat het water in elk geval heerlijk is om in te zwemmen.

'Lijkt me een goed idee bij deze mediterrane temperatuur!'

'Ik heb geen idee hoe mediterraan aanvoelt, maar als dit mediterraan is, dan is 't fantastisch!'

'Het is de eerste keer dat ik dit meemaak', zeg ik terwijl ik naar het meer kijk, 'dat een industriële activiteit zoiets prachtigs tot stand heeft gebracht.'

'Ja, inderdaad, zo had ik het nog niet bekeken. Vroeger was de kleur veel dieper blauw, maar de mineralen zijn stilaan uitgewerkt. Heb je al gewandeld langs de oever?'

'Zijn er nog resten van installaties te zien?'

'Neen, de dorpelingen hebben in de jaren '50 alles opgeruimd en voor een goede prijs verkocht aan musea. Kom na de wandeling even langs het postgebouw, daar werk ik.'

De wandeling is verblindend. Het zonlicht ketst af op de verkalkte meringue. Karamelkleurige platte keien liggen op hopen en zijn getekend door witte en zwarte korstmossen. Een paar verroeste pijpen steken uit het versteende schuimlandschap. Een jong, dood konijn ligt ongeschonden op de harde grond. Het zweet gutst van mijn lijf.

Ik geniet van de thee die Sharon me serveert in het postgebouw dat dateert van 1909. Alles is in hout. Er zijn twee loketten en het oorspronkelijke meubilair staat nu vol met prullen van plaatselijke huisvlijt, maar ook met tweedehandsboeken. Sharon vraagt opeens: 'Ga je naar Queenstown?' Wanneer ik bevestigend knik, zegt ze kordaat: 'Dan moet je naar het Bathhouse gaan, want de eigenaar is een goede vriend van me. En hij is Belg! Doe hem de groeten van Sharon!'

Queenstown ligt nog ver; eerst wil ik zien hoe *Rohan* erbij ligt.

Voorbij Ida Valley zijn er groene stukken waar schapen grazen, maar vanaf Poolburn wordt de tocht moeilijk. Een plakkaat waarschuwt 'Verboden voor huurauto's', maar daar heb ik nog nooit rekening mee gehouden. Aan de voet van de 'Rough Range' strekt

Het rotsige land van Rohan

zich een droge vlakte uit die vol rotsen ligt. Ook de weg is rotsig en zigzagt. Dit was dus het woeste land van *Rohan* en ik ben er zeker van dat Tolkien zich geen beter landschap had kunnen dromen. De duizenden rotsbrokken die individueel verspreid liggen, geven de indruk van een verstilde beeldentuin, vol met versteende dieren. Ik herken in de grillige vormen een duif, een roofvogel, schildpadden en parende hagedissen. Ik heb het gevoel alsof iemand de pauzeknop ingedrukt houdt en dat ze elk moment opnieuw tot leven zullen komen.

Het meertje – of 'de dam'zoals iedereen het noemt – werd aangelegd in 1931 als reservoir om de lagergelegen valleien te bevloeien. Een tiental vissershuisjes, opgetrokken uit aluminium, staan er omheen. Er is geen teken van leven. Her en der liggen stapels planken en dwarsstukken die gebruikt werden als camouflage rond de huisjes. Voor de verfilming kregen ze bovendien ook nog een strooien dak en fungeerden zo als het kleine *Rohirrim*-dorp waar *Morwen* haar kinderen in veiligheid liet brengen. De *Orcs* zouden uiteindelijk het dorp verwoesten.

Een campervan komt aangereden; achterop is een bootje vastgemaakt. Ruth en Melvin komen uit Alexandra gereden om te genieten van de rust en om te vissen. 'Wat zit er in de dam?' vraag ik.

'Forel. Bruine forel.'

'Hm, klinkt goed.'

'Kom vanavond bij ons in Alexandra, dan mag je mee-eten!'

'Bedankt, maar dan zit ik alweer een stuk verder.'

4de etappe: Wanaka

Ik heb menig Nieuw-Zeelander horen zeggen dat Wanaka de ambitie heeft om een tweede Queenstown te worden. Pas vijftien jaar geleden werd het op de landkaart geplaatst. Nu worden de loten bouwgrond massaal opgekocht door miljonairs en rijzen winkels, restaurants en infocentra als een smakeloze wildgroei uit de dure grond op.

Peter kwam hier tien jaar geleden aan uit Dunedin, bouwde een prachtig huis en bracht er zijn restaurant 'The White House' in onder. Het is een plek die uitblinkt in smaak, schoonheid en een exquise keuken. Ik rijd er soms een halve dag voor om en het is de

'The White House'

enige reden voor mij om in Wanaka te stoppen. Hij behoort tot de vijfde generatie Ieren, met zowel Frans als Maori-bloed. En elk jaar ergert Peter zich een beetje meer. 'Deze plek is verschrikkelijk geworden! Had ik geweten dat het deze richting zou uitgaan, dan was ik hier nooit iets begonnen. Het land wordt aan de allerrijksten verkocht, die er hun vakantiehuis neerzetten. Alle toeristenbussen hebben hier nu een stopplaats, maar 't ergst van al is de Kiwi-mentaliteit, al ben ik er zelf één. Kiwi's willen alleen maar enorme porties vlees en bier. Culinaire subtiliteiten zijn niet aan hen besteed. Ze beschouwen me als een 'outcast', omdat ik Arabisch-vegetarische gerechten serveer, Griekse schotels en focus op groenten en vis.'

'Importeer je ingrediënten vanuit Europa?'

'Neen, alles is lokaal.'

'Ik heb hier nog geen olijfboomgaarden gezien...'

'Mijn olijven zijn inderdaad 't enige wat ik invoer. Ze komen uit Kalamata, Griekenland. Maar er zijn wel degelijk olijfgaarden in Nieuw-Zeeland. Meer en meer. Hier vlakbij zelfs. Volgens mij begaan ze wel een fout: ze hebben hun aanplantingen in de vallei gedaan, waar het kan vriezen. Ze hadden beter de hellingen gebruikt, want als het vriest, zakt de vorst naar beneden en laat de hellingen ongemoeid.'

'Herinner je je nog, toen ik hier voor 't eerst kwam, dat ik een Griekse uitbater verwachtte, omdat ik *"spinakopita"* en *"tzatziki"* op het menubord had gezien?'

'Ja. Herinner jij je nog dat ik je die eerste keer vroeg hoe 't met je boek gesteld was? Omdat ik ervan overtuigd was dat ik je al kende en dat je een boek aan 't schrijven was?'

'Ja. Maar deze keer klopt het: ik ben een boek aan 't schrijven!'

'Heb je de plank gezien aan de spiegel, in de damestoiletten? Het is *kauri*! Ik heb derdegraads gerecycleerde *kauri* gevonden. Hout van een duizendjarige boom!'

'Waarom hebben Nieuw-Zeelanders toch die wansmakelijke neiging om alles onder zo'n laag voltapijt met afschuwelijke motieven weg te stoppen? Als ik naar jouw plankenvloer kijk; ik bedoel in al die andere huizen liggen er ook plankenvloeren, alleen zie je ze niet.'

'Vals gevoel van gezelligheid. En omdat het nu eenmaal zo was in Schotland en Engeland, voor ze hierheen kwamen.'

'Ben je nog naar Europa geweest?'

'Neen. Vroeger heb ik veel rondgereisd in Europa, maar meer nog in Noord-Afrika. Toen ik dit huis bouwde, was dat met de herinnering aan Tunesische huizen in mijn hoofd. Hé, je teddybeer ziet er moe uit!'

'Ja, ik ook. 'k Zal maar eens gaan slapen.'

Logeren in Wanaka is niet voor mijn beurs weggelegd. Ik rijd vijftien kilometer langs de oever van Lake Wanaka, tot in Glendhu Bay, dat alleen maar bestaat uit een motorcamp.

Op de heuvelrug van een schiereiland, gelegen in de gelijknamige baai, werd de vlucht van *Gandalf* met *Gwaihir* naar *Rohan* gefilmd, na zijn bevrijding uit *Orthanc*. De hoogste berg is Mt.Aspiring (3072m) en hij diende als achtergrond wanneer de *Reisgezellen* naar *Eregion* in 't zuiden trokken. Het is een prachtig gebied om te wandelen en de panorama's die zich ontvouwen, doen je duize-

Mt.Aspiring

len. Wat me vooral opvalt, is dat veel veeboeren grote borden aan de ingang van hun domein geplaatst hebben, met de duidelijke boodschap 'STAY OUT'. Overrompeld door Tolkienfanaten, die met de hulp van hun GPS de exacte filmlokatie willen betasten, zijn sommige landeigenaars in hun pen gekropen. Ik ben een opschrift tegengekomen van welgeteld achttien regels. Het was een eindeloze opsomming van alle gevaren die de ongenode bezoeker te wachten stonden. Ik citeer de toptien eruit: 'loslopende stieren, tractoren, sproeistoffen, koeienvijgen, konijnenjacht, hooischuren, bomen, buizen, elektrische draad en menselijke uitwerpselen'. De slotzin was: 'Common Sense Must Prevail' wat zoveel wil zeggen als 'de Bovenhand aan het Gezond Verstand'.

Anderen, op wiens gebied zich geen filmlokaties bevinden, hebben zich toegelegd op ludieke, bizarre collecties van schoenen en...

beha's. In Cardrona, recht tegenover het oude hotel uit 1863, is de omheining over een lengte van een kilometer volgehangen met dit, vooral witte borstentextiel. Het lijkt op een verzameling van vers gestroopte konijnen, netjes naast elkaar opgehangen aan varkensdraad. Deze uit de hand gelopen exhibitionistische neiging is een dure vrijtijdsbesteding, want er

Beha-afrastering

moet een extra omheiningsdraad gespannen worden om te verhinderen dat de beha's losraken en de omringende bergen inpalmen.

Peter van 'The White House' zou moedeloos het hoofd schudden bij het zien van zoveel Kiwihumor en wansmaak.

5de etappe: Arrowtown
Het merengebied van het Zuideiland is in zijn totaliteit het resultaat van tienduizenden jaren gletsjeractiviteit. Door de enorme druk van het ijs werden de valleien uitgesleten en toen zo'n 14.000 jaar geleden het klimaat begon op te warmen, smolten de gletsjers en vulden de valleien zich met het smeltwater. Langzaam vonden planten hun weg naar dit voormalige ijsgebied: stekelig struikgewas,

puntig kweekgras en op de vochtige plekken, witte en zwarte beuken. Toen de Maori zich hier vestigden, was deze streek een doorgangsgebied voor hen, op zoek naar hun heilig gesteente, de jade. Pas rond 1860 kwamen de eerste Europeanen aan, William Rees en Nicholas Von Tunzelmann. Aan hun tocht hielden ze alleen gescheurde klederen en bebloede benen over en toen ze een tweede keer terugkwamen, staken ze de doornige struiken en varens in brand (zo werden ze alleen maar zwart). Die tweede keer brachten ze ook hun schapen mee en lieten de kudden grazen in de groene riviervlakte. Lang waren ze niet alleen in hun zwartgeblakerde paradijs want amper twee jaar later werd goud ontdekt, voor de Maori van geen enkele waarde, voor de blanken des te meer.

De goudkoorts bracht duizenden mannen en vrouwen op de been en zo ontstonden Queenstown en Arrowtown, twee typische goudstadjes en een klein dorp, Glenorchy. De goudvoorraad werd snel weggehaald en rond 1900 waren deze plaatsen zogoed als verlaten.

Tot in de 70'er jaren van de vorige eeuw een nieuwe goudmijn geopend werd: toerisme! Elk jaar passeren hier meer dan een miljoen toeristen uit de hele wereld en de drie hoekplaatsen van de voormalige gouddriehoek hebben elk hun specialiteit verguld. Voor de roekelozen en liefhebbers van kort adrenalinegeluk zijn er de uitdagingen van 'avonturenhoofdstad' Queenstown. Voor de ecotoeristen, wandelaars en natuuraanbidders is er het piepkleine Glenorchy en zijn magistrale omgeving. Voor de gezapigen, historici en levensgenieters ten slotte is er het aardige Arrowtown.

Hier was het, in de Arrowrivier, dat de Maorigids Tewa, goud ontdekte maar er verder geen aandacht aan schonk. Uiteindelijk waren het William Fox en zijn kompanen die in twee weken tijd achttien kilo goud verzamelden. Fox had ervaring opgedaan in de Californische en Australische goudvelden en hield de plek zo lang mogelijk geheim. Dat lukte hem iets meer dan een maand en toen begon de onvermijdelijke toeloop. Meer dan zevenduizend Europeanen en Chinezen stroomden toe en haalden in een minimum van tijd de Arrow- en de hogergelegen Shotoverrivier leeg.

Het huidige Arrowtown is geen spookstad, want de oude koloniale gebouwen zijn goed onderhouden en nog steeds in gebruik. Bovendien is men nooit met nieuwbouw begonnen, waardoor het geheel een harmonie en historische authenticiteit uitstraalt. Alles ligt gegroepeerd aan weerszijden van Buckingham Street, die dateert van 1862. Het postgebouw, de vrijmetselaarsloge, de apo-

theek, het Stenen Huis, maar vooral de nummers 53 tot en met 65 trekken de aandacht. Het zijn de mijnwerkershuisjes, idyllisch gelegen aan een dubbele beukenrij. Arrowtown doet zijn reputatie van goudstadje alle eer aan in de herfst, want dan zijn de straten bedekt met miljoenen goudkleurige beukenblaadjes.

Mijnwerkershuisje

'Saffron' is een van de vele eethuizen in Buckingham Street en was de vaste stek van de filmploeg. Ik nuttig er een excellente maaltijd met verse Akaroazalm en wat me vooral charmeert, is dat de kok er zeewier bij serveert. Nieuw-Zeeland wordt letterlijk overspoeld door algen maar je vindt ze jammer genoeg zelden in je bord. Terwijl ik een laatste stukje verorber, wandelt een man, die achter me zat met drie kinderen, rustig het restaurant uit. Het is de Nieuw-Zeelandse acteur Sam Neill, die vlakbij woont. Ik apprecieer hem enorm als acteur maar het heeft nu geen zin om hem met een mond vol zalm achterna te hollen. Nico, een jonge twintiger, bedient me. Hij maakte de filmopnames mee, als toeschouwer. 'Hier, aan de overkant van de Arrow, ik bedoel de *Bruinen* natuurlijk, werden de *Nazgûl* tot staan gebracht door *Arwen*, die de gewonde *Frodo* in veiligheid probeerde te brengen. Die opnames hebben drie dagen geduurd en we stonden allemaal op de oever te kijken. Het zag er behoorlijk dreigend uit, die gezichtsloze *Nazgûl* op hun donkere paarden en de grijze bewolking versterkte die indruk nog. De lokatie van de vloed, die *Arwen* opriep en die de *Nazgûl* wegspoelde, bevindt zich wel hogerop in Skippers Canyon. Die is alleen maar bereikbaar met een terreinwagen en was tijdens de opnames afgesloten voor alle publiek. Ongelooflijk was wel dat een gedeelte van de set weggespoeld werd door een echte vloed, in tegenstelling tot de filmvloed die het resultaat is van computertechnologie. Ga je naar Queenstown? Moet je daar maar eens vragen naar de vloed van december '99. Het Wakatipumeer steeg met twee meter!'

'Waarom heb je niet meegewerkt aan de film? Er waren toch duizenden figuranten nodig?'

'Omdat ik hier niet was tijdens de castingperiode. Ik werkte toen op 't Noordeiland. Ik verander graag van omgeving maar ik ben nog nooit buiten Nieuw-Zeeland geweest.'

'Wat is je geboorteplaats?'

'Ik ben een echte Arrowtowner! By the way, dat was Sam Neill die daarnet buitenging...'

'Ja, ik zag het...'

'Ook de goden moeten af en toe eten, niet?'

Nico verzekert me dat de Arrow doorwaadbaar is. Ik zal er hoogstens twee natte benen aan overhouden. Ik beloof hem *De Voorden van de Bruinen* (*Ford of Bruinen*) te gaan bekijken. Achter de tuintjes en een grote parkeerplaats stroomt de

'Ford of Bruinen'

rivier snel en kronkelend. De rotsige heuvelflank erachter is uitbundig geel gekleurd door bloeiende bremstruiken. Aan weerskanten groeien manshoge lupinen, in alle kleurtinten. Ik volg een smal wandelpad en voel mijn energiepeil stijgen door de zachte lupinegeur. De rivier heeft veel wadden maar ik herken moeiteloos de filmlokatie. Van enige dreiging is nu geen sprake; daarvoor schijnt de zon te overtuigend en is de bloemenpracht te overweldigend. Tot mijn enkels wadend in het water, stap ik terug, een omweg makend langs 'Chinatown', een groot woord voor een viertal gereconstrueerde hutten waar Kantonezen en Mongolen 'in de ban van het goud', zich vestigden en uiteindelijk ook stierven. Ze hadden het ongeluk veel te laat toe te komen. Bijna alle goud was uit de rivieren gepand. Nooit waren ze in staat hun familie te laten overkomen of zelf nog terug te keren naar China. Het medelijden dat de Europeanen in eerste instantie voor hen voelden, sloeg snel om in bewondering. Hun discipline was legendarisch: dammen construeren (die telken-

male weggespoeld werden), moestuinen aanleggen en niet partici-
peren in het losbandige 'whisky & gambling'-circuit. Bij elke hut
staat een bordje met uitleg over de bewoner ervan. 't Is niet meteen
opwekkende informatie. 'Old Tom bewoonde deze hut. Zijn verbrande lijk werd gevonden, gebogen over het haardvuur. Hij stierf
een natuurlijke dood' of 'Kong Kai woonde hier. Zijn skelet werd
in de bergen gevonden, gekleed en met 70 Pond op zak' en 'Ah Gee
verhing zich hier aan de nokbalk.'

Wanneer ik opnieuw in de hoofdstraat sta, blijkt het postgebouw
volledig afgezet. Ik had inderdaad het brandalarm horen loeien
maar er is geen brand te zien. Twee postbedienden zitten buiten op
de bank. Eén van hen houdt een zuurstofmasker voor en krijgt een
injectie toegediend. Het enige wat ik opvang onder de toeschou-
wers, is dat er een verdacht pakje werd opengemaakt. Ik spreek een
politieagente aan: 'Zo bang voor antrax in Arrowtown?'

'Je weet maar nooit. Dit is de procedure die we moeten volgen.'

'Maar wat is er dan precies gebeurd?'

'Geen idee. Lees morgen de krant, dan weet je alles!'

Ondertussen verdwijnen twee mannen met antibacteriologische
pakken aan in het rioleringssysteem. Ik denk dat ik maar eens naar
Queenstown vertrek...

6de etappe: Queenstown

'Mysterieuze Insectenbeet doet Antraxangst ontvlammen' kopt
's anderendaags de frontpagina. 'De postbediende werd gebeten bij
het openen van een pakje. Hoewel van de dader(es) geen spoor,
wordt er gedacht aan een Australische gifspin. Niet dodelijk, alleen
maar gevaarlijk bij allergische reacties.' Niets aan de hand dus.
Ander voorpaginanieuws klinkt schrikbarender: 'Derde keer in vier
maand tijd dat Air New Zealand onderdelen verliest in volle vlucht.
Twee keer vielen de stukken in de haven van Manukau, bij Auckland, de derde keer ontplofte een van de motoren, net na het opstijgen in Brisbane, Australië. Een crashlanding werd uitgevoerd.'

Alarmerende berichten hebben echter weinig invloed wanneer je
uitkijkt over één van de mooiste meren van deze planeet, het Wakatipumeer. En zeker niet als je zit aan een fantastische ontbijttafel
van zes vierkante meter in een prachtig historisch juweel uit 1911.
'The Bathhouse' is een Victoriaans, octagonaal prieeltje dat ge-

'The Bathhouse'

bouwd werd om de kroning van King George V te herdenken. Het heette toen voluit 'The Coronation Bathhouse' en verklaart het grappige kroontje op het dak. In 1997 werd het omgebouwd tot restaurant en nog geen jaar later kwam de Antwerpenaar Benoit Chardome hier een koffie drinken, werd op slag verliefd en kocht het. Benoit, Ben voor de Nieuw-Zeelanders, spreekt nog amper Nederlands, excuseert zich hiervoor en dus praten twee Vlamingen aan de andere kant van de wereld Engels met elkaar. 'In 1989 maakte ik kennis met Nieuw-Zeeland als rugzaktoerist. Ik hou van trektochten, bergwandelingen. Terug in België werkte ik in 't hotelwezen maar voelde me minder en minder goed in mijn vel. Toen ik besliste om weg te gaan, was er eigenlijk maar één plek waar ik naartoe wilde en dat was Nieuw-Zeeland. Vier jaar werkte ik in Auckland en nu, bijna vijf jaar geleden, kocht ik dit. Ze krijgen me niet meer weg, hier. Kijk naar buiten: iets mooiers bestaat toch niet!'

'Ga je soms nog naar België?'

'Om de twee jaar, omwille van de familie, goeiendag zeggen. Er is niets, maar dan ook niets meer in België dat mij boeit. Hier is zoveel warmte, vriendelijkheid en behulpzaamheid. De Zuideilanders hebben een absolute afkeer van stress en doen er dan ook alles aan om die te vermijden. Mensen hebben tijd voor elkaar, voor zichzelf. En als kers op de taart, om het in restauratietermen uit te drukken, is er die overdonderende natuur. Kijk zelf: die wolkensliert die voorbij de bergketen schuift. Waar vind je zo'n vergezicht?'

'Niet in België. Ik heb me laten vertellen dat in '99 het peil van het meer met twee meter steeg. Wat waren de gevolgen hier?'

'Het was ver-schrik-ke-lijk! Het water stond hierbinnen één meter hoog en 't duurde twee weken voor het terug zakte. In plaats van "the great flood" was het "the great mud" geworden. De stank was niet te harden. Alle meubels heb ik kunnen weggooien, de houten vloer incluis. Een volle maand hebben we uitgebroken en opgeruimd en dan nog eens vier maanden om alles opnieuw in te richten.'

'Kan dit nog gebeuren of is het eerder uitzonderlijk?'

'In 't verleden zijn er nog overstromingen geweest, in 1924 bijvoorbeeld, maar nooit zo erg als in '99. Ken je de ontstaansgeschiedenis van het meer volgens de Maori? Het zou de afdruk zijn van een demon, die slapend op zijn zij, de knieën opgetrokken, in brand gestoken werd door de minnaar van het meisje dat hij geschaakt had. Omdat zijn hart nog altijd klopt, is het meer onderhevig aan getijden. Het gaat erg snel: om de vijf minuten stijgt en daalt het, als een ademhaling.'

'En soms houdt het hart even op met kloppen waardoor het water alleen maar stijgt?'

'Zoiets, ja! We hebben in elk geval onze voorzorgen genomen. Het hele interieur is zo aangebracht dat het binnen een paar uur kan worden gedemonteerd. Zelfs de koelinstallaties kunnen los. Zodra het waterpeil stijgt, schroeven we alles eruit.'

'Heeft de filmploeg van Peter Jackson hier ook zo van het uitzicht genoten?'

'Ik heb er geregeld over de vloer gehad, maar voor de vaste ploeg was deze plek te klein. Ze hebben lang gefilmd op de heuvel van Kelvin Heights, aan de overkant. Moet je zeker naartoe gaan. Het uitzicht op de Remarkables is spectaculair maar 't waait er wel hard! En kom vanavond terug, dan branden de kaarsen op de tafels en kunnen we naar de zonsondergang kijken op het meer!'

Kelvin Heights is de naam van een chique nederzetting aan de voet van een 800 meter hoge, conische heuvel. Het ligt pal tegenover Queenstown aan de overkant van een inham van het Wakatipumeer. De heuvel zelf heet Deer Park Heights en is beschermd. Buiten de bruine herten waarnaar hij genoemd is, kom ik op mijn tocht naar boven de halve ark van Noah tegen. Lama's, ezels, minipaarden, Himalaya Thar-geiten, schapen en highlanders (Schots roodharig vee) verdringen zich nogal vrijpostig rondom mij. Zelfs een majestueus Wapitihert met tweemaal zeven geweivertakkingen komt snuffelen aan mijn schouder. Ik ben compleet van slag. Amerikaanse bizons zijn de enige die achter draad zitten.

De heuvel is grillig opgebouwd en volledig begroeid met 'tussock', een helmgras dat in bundels groeit. Bij elke windstoot komt het gras plat te liggen. Het is een fascinerend schouwspel, al die bussels die in één golvende beweging de helling lijken af te rollen. Alle bergstreken en vlakten in Nieuw-Zeeland zijn bedekt met dit bleek-rossige gras en in de Tolkienverfilming is het dikwijls prominent in beeld gebracht. Vlak bij de top liggen bergmeertjes waar veel opnames werden gemaakt, zoals de vluchtelingenstroom uit *Rohan* en talrijke gevechtsscènes in de drie films. Op de achtergrond verschijnen de toppen van de Remarkables, zogoed als sneeuwvrij. Voor de film waren ze flink besneeuwd en werden ze digitaal vergroot zodat ze vlak achter de heuvelkam lijken te liggen. Ook de publiciteitsfoto's van *Gandalf* werden hier gemaakt.

Het uitzicht is, zoals Ben voorspeld had, onvergetelijk. Ik blijf maar rondjes wandelen en vergaap me telkens opnieuw aan dat eindeloze meer, het langste van Nieuw-Zeeland (77 km), aan de rivieren die erin uitmonden, aan de steden beneden aan de oevers, aan de sprookjesachtige bergen.

Deer Park Heights is geliefd bij filmmakers. In 1986 werd hier de Walt Disney-prent 'The Rescue' ingeblikt. Een Koreaanse gevangenis die men in drieëneenhalve maand gebouwd had, werd achtergelaten als souvenir. De combina-

Filmsetsouvenir

tie van decoratieve oosterse elementen, van echte prikkeldraad en van de Remarkables – het symbool bij uitstek voor Queenstown – werkt behoorlijk vervreemdend. Helemaal surrealistisch wordt het wanneer opeens vier jonge mensen luid gillend de helling komen afgelopen, alsof ze net ontsnapt zijn.

In 1988 werd 'Willow' hier voor 't grootste stuk gedraaid en als ik nu terugdenk aan die film, lijkt hij bijna een voorspel, een 'voorspellende introductie' tot het grote werk, 11 jaar later voor 'Lord of the Rings'.

Wanneer ik na uren terug aan de ingang sta, valt me een grote pancarte op met de mededeling dat de dieren gevoederd mogen worden met korrels die zich in de ijzeren tonnen bevinden. Meteen is de buitensporige nieuwsgierigheid van de dierlijke parkbewoners verklaard. Ik haast me naar de monding van de Kawararivier, een van de vele rivieren die voor de *Anduin* doorgingen, want ik heb een afspraak met Lynden, die een figurantenrol vertolkte.

'Ik was een *Orc*!' begint hij enthousiast. 'Als je je paard uitleende voor de films, werd je automatisch ook ruiter. Alle veeboeren uit de streek waren dus krijgers. Tweehonderd NZD (100 euro) per dag kreeg je en je paarden werden gevoederd en verzorgd. Niet slecht, hé? Ik ben lang en smal, dus kwam ik in aanmerking als *Orc*. Een neef van me op 't Noordeiland is eerder klein en rond en werd aanvaard als *Hobbit*. *Hobbitstee* werd gebouwd in Matamata; dat is op 't Noordeiland.'

'Vond je 't leuk om *Orc* te zijn?'

'Het was verschrikkelijk moeilijk om met dat pak rond te rennen; het was loodzwaar en kletterde als de dood. Je kan me zien in de scène waar de *Orcs* voor de eerste keer in de pan gehakt worden en *Boromir* de dood vindt. Er komen drie *Orcs* rechts in beeld gelopen en de laatste beweegt heel ongemakkelijk. Well, that's me! Het was een onvergetelijke ervaring. Ik had vier filmdagen en de vierde dag moesten we gewoon achter een rots liggen terwijl de 'echte' acteurs vlakbij hun scène speelden. Fascinerend om het van zo dichtbij te kunnen meemaken. Toen ik 's avonds thuiskwam, was mijn moeder naar 't ziekenhuis gebracht. Terminale kanker. Drie weken nadien was ze dood. Dus, die dag vergeet ik nooit.'

'Ik las in de krant dat in Nieuw-Zeeland het aantal kankergevallen stijgt in tegenstelling tot de rest van de wereld waar het zich stabiliseert.'

'Mijn familie, ikzelf en mijn vrouw zijn afkomstig van Te Puke, het kiwicentrum van 't land. Allemaal werkten we in de kiwiplantages en de ouderen hebben allemaal kanker. Wekelijks moesten we sproeien: fosfaten, schimmelwerende producten, pesticiden. Ik hoop dat jullie in België geen kiwi's uit Nieuw-Zeeland eten! Mijn vrouw en ik zijn al jaren in behandeling, alternatief, om het gif uit onze lichamen te krijgen. We zijn 13 jaar getrouwd en zouden graag aan kinderen beginnen, maar dat kan je toch niet als je vol zit met gif?'

'De bermen langs de wegen worden gesproeid; dat heb ik gezien...'

'Alles wordt bespoten in dit land! Vanuit vliegtuigjes besproeien ze de boomgaarden en een niet-onbesproken gif, 1080 genoemd, wordt massaal gedropt om de opossums uit te roeien. Momenteel worden de grote middelen ingezet om een appelmot, die is komen aanwaaien vanuit Australië, te vernietigen. We hebben schitterend bronwater en toch zijn wij tezamen met de VS, het land dat het meest fluor aan het leidingwater toevoegt! Jullie minister in België heeft in verband met fluor wel op een fantastische manier haar nek uitgestoken, hé?'

'Heeft dat hier in de kranten gestaan?'

'Tuurlijk. En meteen was het nationaal debat weer geopend! Had je nog vragen over de film?'

'Heb je contact met Peter Jackson zelf gehad?'

'Niet echt. We waren met zo'n 100 man op de set maar 't is een aardige man. En rijk! Hij heeft een stuk van Closeburn opgekocht waar de set stond voor het finale gevecht uit de eerste film en een heel gebied tussen Arrowtown en Queenstown. Hij int 10 procent op de wereldwijde opbrengst van de films. Kan je tellen?'

'Binnenkort kan hij de helft van 't Zuideiland opkopen.'

'Ik heb er geen problemen mee. Het is iemand die zijn jeugddroom heeft verwezenlijkt, wat toch uniek is. En hij is een natuurmens, dus...Weet je, vandaag is een speciale dag voor me. Ik heb meegedaan aan een openbare bouwgrondloterij en...'

'Een wat?'

'Er waren 200 loten bouwgrond te koop, maar er waren wel 1000 geïnteresseerden. Het is een simpel systeem dat hier veel wordt toegepast: je stopt je gegevens plus het bankcertificaat dat je kapitaalkrachtig bent om zo'n lot te kopen in een enveloppe en die komt terecht in een grote ton. Een onschuldige kinderhand pikt er dan 200 uit en klaar is de verkoop! Ik had twee enveloppen ingediend en je gelooft het nooit: ze kwamen er allebei uit! Ik heb meteen één lot doorverkocht, met een mooie winst. Mensen betalen krankzinnige prijzen om toch maar in de buurt van Queenstown te wonen. Het toerisme blijft een groeiende bron van inkomsten.'

Lynden is zelf een radertje geworden in de winstgevende toeristische machine want hij begeleidt groepen in een terreinwagen naar de filmlokaties. Een 'Safari of the Rings' belooft de brochure. Ik informeer om welke plaatsen het gaat. En dan vallen de namen, drie magische woordjes die mijn hart een sprongetje doen maken en het vocht naar mijn ogen pompen: Glenorchy, Paradise en de Dartrivier.

7de etappe: Glenorchy

Aan de noordkant van het Wakatipumeer, op zo'n 45 km van Queenstown, ligt Glenorchy, een dorp van 200 inwoners. Op het

einde van de negentiende eeuw woonden er drieduizend goudzoekers, maar de voorraden bleken minder spectaculair dan verwacht, dus trokken ze weg. In 1905 werd een ander waardevol metaal gevonden: wolfram. Tot in 1984 hielden vijftig arbeiders zich bezig met de ontginning.

Het Wakatipumeer

Vandaag is Glenorchy een punt van zowel vertrek als aankomst voor geoefende wandelaars en één van de toegangspoorten tot Nieuw-Zeelands grootste park, het Southwest New Zealand World Heritage Area. De geasfalteerde weg stopt iets voorbij Glenorchy en gaat over in een stoffige verharde weg, die met de regelmaat van de klok wordt onderbroken door ijzeren wildroosters. De bergen dragen als voorouders hun prachtige sneeuwdekens en aan de rand van het meer bloeien de witte en roze stengels van het vingerhoedskruid. Ik rijd zo snel als ik kan naar de verborgen vallei, voorbij het paradijs. Ondertussen is er veel gebeurd: Saruman bouwde zijn stad, *Isengard*. De zwarte, gevorkte toren van *Orthanc* priemde hoog als een scherpe spaak, boven de vlakte uit. De *Vallei van de Tovenaar* werd uiteindelijk onder de voet gelopen door *Ents*, die *Isengard* verwoestten. In de gouden bossen van *Lothlorien* omhelsde *Boromir* de dood en de bomen van het *Oude Woud* zagen hoe *Orcs*, *Hobbits* gevangennamen in *Amon Hen*. Achter de struiken wachtte *Haldir* om de *Reisgenoten* naar *Galadriël* te brengen.

Ik zit weer op de platte steen en alles ademt vrede uit. Boven mij vormt zich een wolk tot een perfecte cirkel. Alsof *Midden-Aarde* zich teruggetrokken heeft in het witte middelpunt van de hemel. Ik zie geen legers deze keer, maar er worden verhalen gefluisterd over het begin der tijden, de eerste vrouw, gevleugelde wezens en sprekende stokken. De wereld draait zich als een foetus in de baarmoe-

De cirkelwolk

der. De droomcirkel vindt een nieuwe vorm voor een nieuwe start. Volkeren van alle kleuren lijmen de gebroken potten en leven in hoop. Het oude Wai-tahavolk wist het al, lang voor de Maori:

'When we lose our story,
we lose our dream.
When we lose our dream,
the spirit dies.'

Vakkundig mep ik de vervelende zwarte zandvliegjes plat die het op mijn handen en gezicht gemunt hebben. Een smet op het paradijs die ik er graag bij neem.

NOTEN

• De mensheid heeft veel meer gereisd dan doorgaans wordt aangenomen. Volkeren hebben onderling contact gehad en migraties kwamen geregeld voor. Dit verklaart bizarre vondsten en parallelle ontwikkelingen. Lang voor Spanjaarden, Portugezen en Hollanders legden Vikingen en Kelten tienduizenden zeemijlen af en daarmee traden ze alleen maar in het spoor van Minoërs, Feniciërs en Egyptenaren.

In Hunter Valley, op zo'n honderd kilometer ten noorden van Sydney, bevinden zich Egyptische hiëroglifen die het verhaal vertellen van prins Djeseb, zoon van farao Ra Djedef, die op zijn beurt zoon was van farao Khufu, beter bekend onder zijn Griekse naam, Cheops. We zijn dus in staat prins Djeseb in de tijd te situeren. De kroniek die in de rots gebeiteld staat, gaat over de schipbreuk op de kust van een land waar geen meren zijn en de rivieren er uitgedroogd bij liggen. Over muiterij aan boord en over de dood van de prins die tot tweemaal toe werd gebeten door een gifslang. De Australische regering weigert deze plek te beschermen omdat ze niet behoort tot het aboriginal erfgoed en doet het af als een vervalsing. Maar welke grapjas kent Egyptisch schrift van het archaïsche type uit de vroege dynastieën? Wereld-

wijd zijn er misschien vijf specialisten die het machtig zijn. Woordenboeken zijn er niet van dit archaïsch Egyptisch. De Australische onderzoeker Paul White schreef hier een artikel over. ('Exposure', vol.2 nr. 6, pagina's 20 tot 26 / 1996)
In hetzelfde Australië, in het district Queensland, te Toowoomba, zo'n 80 km van Brisbane, staan 17 granieten stenen met Fenicische inscripties. Voor de Feniciërs dus in Nieuw-Zeeland aankwamen, hielden ze halt in Australië.
Van de Kretenzische Minoërs is bekend dat ze in contact stonden met de cultuur van de Indusvallei, maar ook dat ze lang voor de Feniciërs, de Pacific aandeden. Zij bouwden Nan Madol, een handelscentrum in de Carolinen en geraakten zelfs tot op het Noordeiland van Nieuw-Zeeland, waar ze een kolonie stichtten. Hun nakomelingen kwamen om bij de eruptie van de vulkaan onder het Taupomeer, in 1400 voor Christus.

- De prachtige silicaplatformen die in 1886 door de eruptie van de Tarawera vernietigd werden, zijn nog te bewonderen op oude gravures. Ze waren te vergelijken met de terrassen van het Turkse Pamukkale, maar dan in tweevoud. De 'White § Pink Terraces' zoals ze genoemd werden, zijn als gravure te zien in het derde deel van Jules Vernes 'De Kinderen van Kapitein Grant'. (Elsevier 1964 / pagina 147). Jules Verne beschrijft ze als volgt: 'Van alle kanten spoten waterschoven, door dampen omringd, uit de grond als waterstralen van een park, sommige onafgebroken, andere met tussenpozen en onderworpen aan de willekeur van een grillige Pluto. Zij rezen amfitheatersgewijze omhoog op natuurlijke terrassen, die als nieuwerwetse bekkens boven elkander geplaatst waren, hun water vermengde zich langzamerhand onder wolken witte rook en, knagende aan de halfdoorschijnende treden dier reusachtige trappen, voedden zij gehele meren met hun bruisende watervallen.'

In dit boek ligt het accent geheel en al op de woeste, kannibalistische, bijgelovige natuur van de Maori. Dit eenzijdige, vertekende beeld van wat een 'warrior-clan' is en geenszins de Maori in hun totaliteit, maakt het natuurlijk spannend om te lezen. Jules Verne wil zoveel mogelijk informatie kwijt over fauna en flora en begaat daarbij hilarische onjuistheden. Zo ontmoeten de protagonisten in de kustvlakte kea's, die alleen in 't gebergte voorkomen en een nest kiwi's die overdag onvindbaar zijn aangezien het nachtvogels zijn.

• De prachtige oorlogskano in Porangahau is niet meer. Zoals Peter al aangaf, had hij beschermd moeten worden met een afdak en moest hij geregeld het water in. Een stam in de buurt van Hastings, zo'n 60 km ten noorden van Porangahau, had toestemming gegeven hem in hun rivier te 'parkeren' maar heeft er verder geen enkele aandacht of zorg aan besteed. Hij is langzaam weggerot...

• Het is fascinerend om zelf een *Ta Moko* aan te brengen. Ik gebruikte een paar vrienden als proefkonijn en het resultaat was telkens opnieuw verbluffend. Om te beginnen is er de fysionomie van het gelaat die bij iedereen anders is. Zo had vriend D. een groter voorhoofd dan vriend J., waardoor ik meer lijnen kon aanbrengen. Vriend J. tatoeëerde ik verscheidene malen en iedere keer was 't uitzicht anders omdat het niet mogelijk is twee keer hetzelfde patroon te tekenen. Je kan het gezicht er ook mee verfraaien, door de wenkbrauwen een mooie lijn te geven, een vollere mond te tekenen of de neus een Grieks allure cadeau te doen. Ik gebruik liever een donkerbruin make-uppotlood dan een zwart.

Vriend J.

'Warrior' uit Kawerau

Argentinië
- 'Airs Indiens'. Atahualpa Yupanqui
  Librairie-Editions L'Harmattan. 1979 ISBN 2-85802-100-7
- 'Het verdriet waarop je kan dansen'. Elie Saegeman
  BRT-brochure. 1980 ISBN 90704471-1

India
- 'De Grote Ingewijden' de verborgen geschiedenis der godsdiensten.
  Eduard Schuré.
  Uitgeverij Schors – Amsterdam ISBN 90 6378 258 6
  Oorspronkelijke titel: ' Les Grands Initiés'
- 'Kali: De Vrouwelijke Kracht'. Ajit Mookerjee.
  Uitgeverij Mirananda – Den Haag ISBN 90 6271 775 6
  Oorspronkelijke titel: 'Kali, The Feminine Force'
- 'Een Vrouwelijke Geschiedenis van de Wereld'. Marilyn French.
  Uitgeverij Areopagus – Amsterdam
  Oorspronkelijke titel: 'From Eve to Dawn: A Woman's History of the
  World'
- 'India: Oude Goden, Nieuwe Normen'. Alexandra David-Neel.
  Gedrukt bij Boosten en Stols – Maastricht (alleen te vinden tweede-
  hands/antiquariaat)
  Oorspronkelijke titel: 'l'Inde: Hier, Aujourd'hui, Demain'

Nieuw-Zeeland
- 'Song of the Stone'. Barry Brailsford.
  Edited by Stoneprint Press – New Zealand. 1995
  ISBN 0-9583502-0-5
- 'Song of Waitaha'. Barry Brailsford.
  Edited by Ngatapuwae Trust – New Zealand. 1994
  ISBN 0-9583378-0-2
- 'New Zealand's Hidden Past'. Ross Wiseman
  Edited by Discovery Press – New Zealand. 2001
  ISBN 0-473-07303-X
- 'The Illustrated Encyclopedia of Maori Myth and Legend'. Margaret
  Orbell
  Edited by Canterbury University Press. 1995
  ISBN 0-908812-45-0
- 'Taonga Maori – Treasures of the New Zealand Maori People'
  Edited by the Australian Museum. 1989 ISBN 0-7305-6206-9
- 'White Island'. Peter § Jenny Tait
  Edited by Godwit. 2001 ISBN 1-86962-090-9
- 'Hundertwasser'. Harry Rand
  Edited by Taschen/Librero. 1991 ISBN 3-8228-0604-8

Dank aan:
Ministerie van de Vlaamse Gemeenschap/afdeling Beeldende Kunst en Musea
Singapore Airlines

Informatie over lezingen door Ingrid De Vos via Astarte vzw:
Strichtensgoed 5 te 8755 Ruiselede. e-mail: ingridastarte@yahoo.com

coverfoto: Ode aan Tama-Nui-a-Raki die zich als eerste mens liet tatoeëren
foto pagina 1: Houten wandelpad bij Upper Takaka, Nieuw-Zeeland
foto pagina 2: Wai-o-Tapu (het Heilig Water), Nieuw-Zeeland
foto pagina 4: Gletsjerwater bij Mount Cook, Nieuw-Zeeland
foto pagina 5: Zeppelinwolk boven Fox Glacier, Nieuw-Zeeland
foto achterflap: Op het strand van Wharariki, Nieuw-Zeeland

Fotografie: Ingrid De Vos
Vormgeving: Studio Lannoo
Cartografie: Dirk Billen

© Uitgeverij Lannoo nv, Tielt, 2003
D/2003/45/165 – ISBN 90 209 51033 – NUR 508
www.lannoo.com

Gezet, gedrukt en gebonden bij Drukkerij Lannoo nv, Tielt

De auteur op Fox Glacier